Dräkt & textil ur Dalarnas museums samlingar invigdes den 6 december 2008. Utställningarna utgör ett led i återuppbyggnaden av de fasta utställningarna som inleddes efter museets renovering 2006.

PROJEKTGRUPP Kerstin Ankert, idé, fakta
Maria Björkroth, projektledning, filmbearbetning, fakta
Maij Björklund, sömnad, montage
Rune Bondjers, föremålsansvar
Bo Jonzon, formgivning
Anders Nilser, teknik, koordination m m
Bo Nyberg, musikinslag
Ann Olander, teknik, montage m m
Pers Göran Olsson, filmbearbetning
Jan Raihle, museichef
Catrin Ståhl, föremålsassistent, sömnad, montage
Elisabeth Thorin, föremålsassistent
Lars Östman, teknik, ljud, ljus m m

OMSLAG Skinntröja och fingervante från Ore. På omslagets insidor brudtäcke av sidenlappar, 1900-talets början, Stora Tuna. På baksidan flicka med kolt och virkad hätta, Dala-Floda.

KATALOGTEXT Kerstin Ankert
FOTO Kerstin Ankert sidorna 69 till höger, 70 nedre bilderna
Lars Dahlström omslagsbilderna samt sidorna 6–9, 10 överst, 11, 12 t.h., 13-15, 17, 18, 21-37, 40, 43, 44, 46 t.h., 49 t.h., 58, 59, 61 t.v., 62 överst, 65 t.h., 6 6 t.h., 67, 68 nederst, 69 t.v., 70 överst, 71
Erik Frost sidan 57 t.v.
Fredrik Hegert sidan 66 t.v.
KG Svensson sidorna 48 t.h., 60 t.v., 61 t.h., 63
Lars Östman sidorna 5, 10 nederst, 12 nederst, 16, 20, 38, 39, 41, 42, 45, 46 t.v., 47, 48 t.v., 49 t.v., 50–56, 57 t.h., 60 t.h., 62 nederst, 64, 65 t.v. och mitten, 68 överst
FOTOARBETE Maria Björkroth, Anna K Eriksson, Susanne Nyhlén
GRAFISK FORM Eva Kvarnström
TRYCK Intellecta Infolog 2009

ISSN 0346-6949
ISBN 978-91-978114-0-8

Dalarnas museum
Box 22, 791 21 Falun
tel 023-76 55 00
www.dalarnasmuseum.se

DRÄKT & TEXTIL

Dalarnas museums serie av småskrifter nr 79

INNEHÅLL

VÄLKOMMEN!

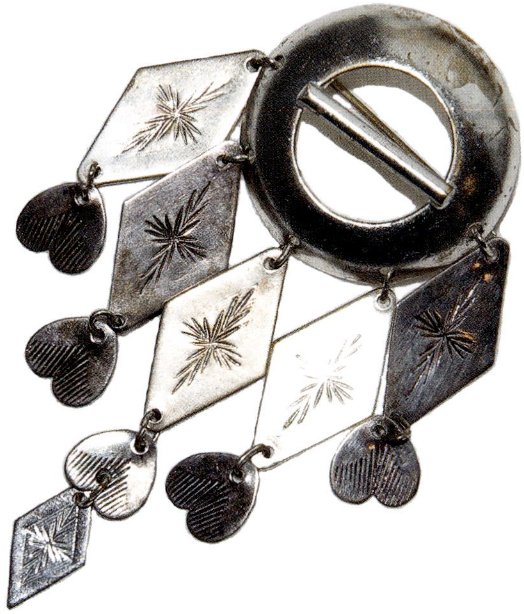

Dalarna har landets flesta och mest brukade folkdräkter, det vågar vi påstå. Med denna rikedom följer att såväl de äldre dräkterna som de under 1900-talet nyskapade är i flitig användning.

Ingen kan bestämt ange en tidpunkt för dräktfenomenets uppkomst men från Mora och Älvdalen finns uppgifter som visar att ett för socknen gemensamt klädskick existerade runt år 1700. Utvecklingen fick skjuts av den näringsvänliga politiken under detta sekel och var tätt knuten till kyrkan. Här möttes man, fick kontakter och inspiration. Från predikstolen lystes inte endast personanknutna kungörelser utan också kommunala och statliga förordningar. Dessa var ofta ämnade att stimulera människors sysselsättningar, stävja användandet av luxuösa färgämnen, sidentyger, holländsk lärft med mera. Det hände också att sockenstämman tog itu med tilltagande lyxbegär inom församlingen.

Idag brukas dräkterna endast vid högtidliga tillfällen, det gäller både de äldsta och de nytillkomna. Med det sena 1800-talets industrialisering erbjöds nya stoffer och skärningar till överkomliga priser. De gamla plaggen lades bort och det var männen som först tog till sig de nya modeinfluenserna. I 1900-talets början dokumenterades och samlades, nya sockendräkter såg dagens ljus där inga tidigare funnits. De nationalromantiska strömningar som rådde har i hög grad låtit kunskap i form av fotografier, föremål och föremål bevaras.

Studerkammaren är inriktad på material och tekniker. Här kan föremål studeras på ett närsynt sätt och lokalen är förberedd för de studiegrupper och enstaka besökare som vi vill vara en resurs för. Vi önskar besökaren en inspirerande, lärorik och ögonfägnande tur i den textila utställningen.

Falun och Dalarnas museum april 2009
Kerstin Ankert

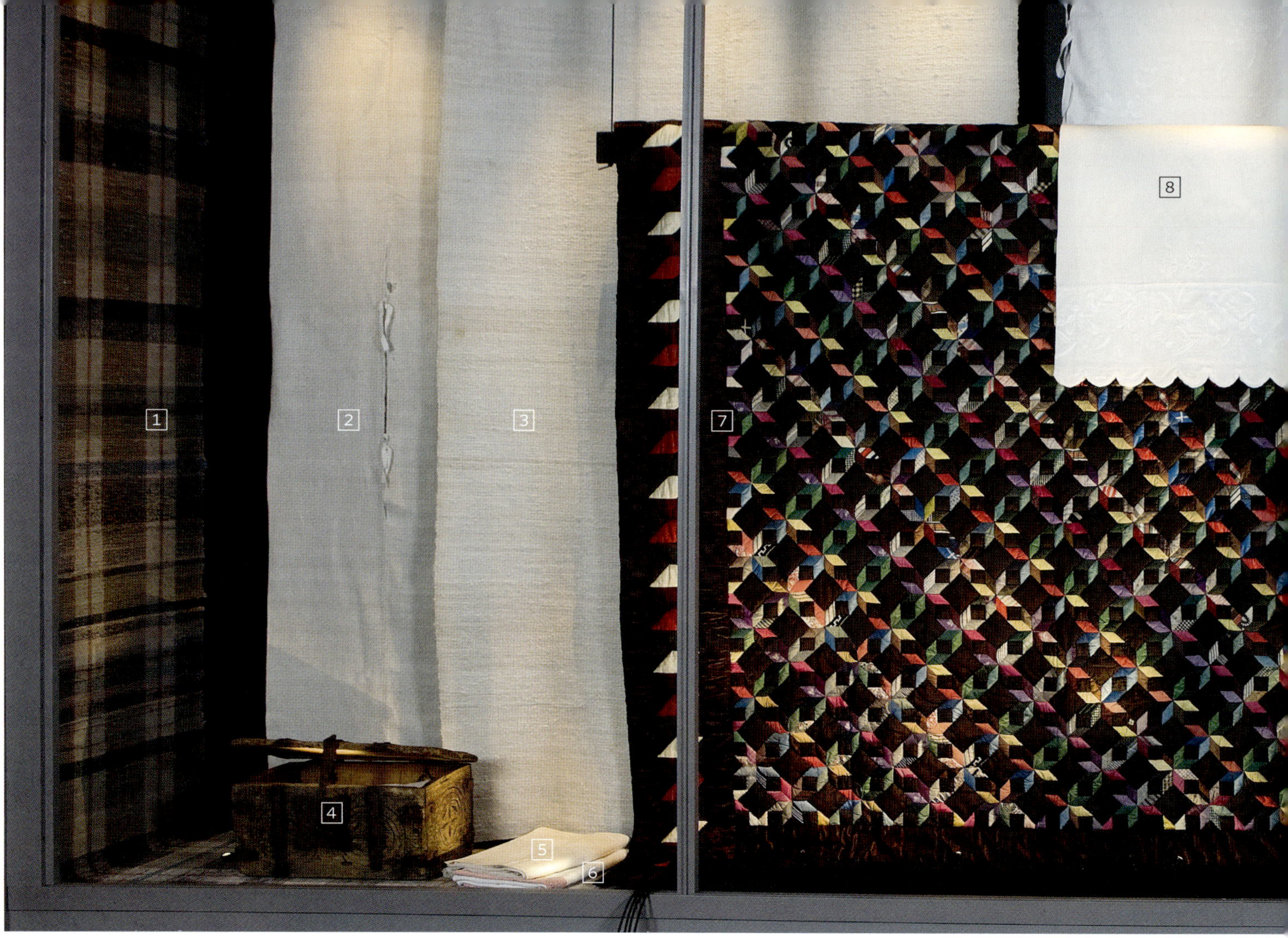

TEXTILIER I ALLMOGEHEMMET

Allmogehemmet hade sparsamt förråd av textilier fram till 1800-talet. Enkla vävar, så kallade slätvävar, åstadkoms i hemmen och syddes till överdelar, skjortor, lakan och fässingar (madrassvar).

När kulörta hemtextilier i rosengång, munkabälte och daldräll blev vanliga fick de inta representativa platser, som sängförlåtar och fälltäcken för vinterfärder. Sådana enklare konstvävnader erbjöd också en »nisch«, en specialisering för några få, som här fann en inkomstbringande bisyssla.

Att lägga mattor på golven ansågs otänkbart till 1870-talet då trasmattan accepterades också i lanthemmet.

1 **TRASMATTA** från 1920–30-talet. Randig bomullsvarp med inslag av tunt klippta bomullstrasor.

2 **FÄSSING** (madrassvar, bolstervar). Bomullsvarp med inslag av lin. Vävd i spetskypert och sammansydd av tre våder så att öppningen hamnar mitt inunder. Knytband av bomull. Infällda lappar av kypert och spetskypert.

3 **UNDERBREDA** (lades som botten i bädden) från Björbo, Dala-Floda socken. Linvarp med inslag av lin och bomullstrasor. Tuskaft. Två sammansydda våder.

4 **TRE HANDDUKAR** från Finnbacka i Rättviks socken (i den lilla kistan från Moje, Gagnefs socken). Varp i rött och vitt bomullsgarn. Inslag av lin. Monogram »T« i röda korsstygn. Nötta och lagade.

5 **DUK** från Halvarsgården i Linghed, Svärdsjö socken. Hellinne vävd i vänd spetskypert, så kallad kistros (gåsögon) i två sammansydda våder. Märkt »AOD« med röda korsstygn. Begagnades senast som kalasduk 1910.

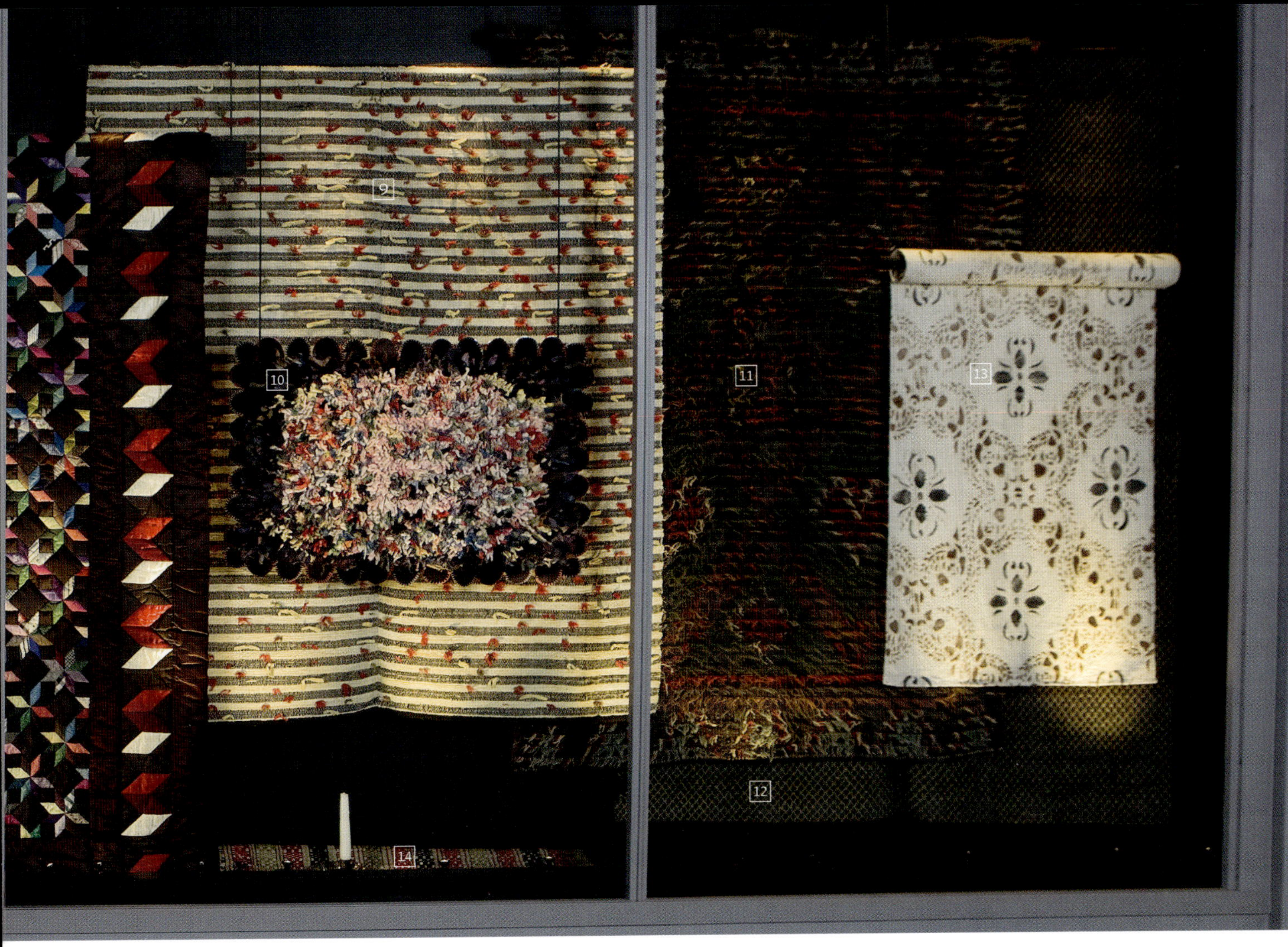

6 **TRE ÖRNGOTTSHUVOR** från Finnbacka, Rättviks socken. Bomullsvarp och bomullsinslag. Lagade med stora lappar av tuskaftad och kyprad bomullsväv.

7 **LAPPTÄCKE** från Stora Tuna socken. Lappar och bård av sidenbitar. Foder av tunt, kypertvävt, gult siden. På baksidan broderat »Marianne«. .

8 **BRUDLAKAN OCH ÖRNGOTT** från Näckenbäck, By socken. Varp och inslag i lin vävt i tuskaft, sammansytt av två våder. Överdelen har uddkant med langettsöm och ett brett broderi sytt i lingarn. Linet till lakanet och örngottet är vuxet och berett på gården Saros av dottern på gården, Johanna Hedblad, omkring år 1900.

9 **TÄCKE** vävt på linvarp med inslag av ljusa linne- och mörka ylletrasor. Gula, gröna och röda inplock, s.k. slarvtjäll av yllebitar och garntussar. Sammansytt av två våder. Fållat med mörkgrönt sammetstyg.

10 **MATTA, TRASRYA.** Mattvarp av bomull med inslag av bomullstrasor. Bomulls- och ylletrasor i allehanda färger och material bildar ett »E« i rosa på spegelns mitt. Ytterst en ram av mörkblå ylleklackar, kantade med langettstygn.

11 **GLESRYA.** Varp av lingarn, inslag av hårgarn vävt i inslagsrips. Nockor av kulört ullgarn.

12 **BÅRTÄCKE** från Hillersboda i Svärdsjö socken. Vävt med hårgarn på linvarp. Rosengång.

13 **MATTA** från Falun. Hellinne, vävd i tuskaft med schablontryck i svart och brunt. Tryckt på båda sidor av väven. Tryckta, tunna linnemattor har förekommit på flera håll i landet, t. ex. i Hälsingland.

14 **FÖRLÅTSVÄV** i förenklad dräll. Ullgarn på linnebotten. Bjursås socken.

KATTUNER

I museets dräktsamling finns en ansenlig mängd kattuner, det vill säga tryckta bomullstyger. Det är de turkröda, rödbottnade, som dragit till sig den största uppmärksamheten men här finns också andra färgkombinationer. Vi finner dem som mössor, halskläden, i skoningar till huvudbonader, förkläden och kjolar, som livstycken, kantningar och doppåsar. Den anslående mängd kattuner som inbegripits i dräktskicket i Övre Dalarna och Västerdalarna har fått en och annan att dra slutsatsen att trycken tillkommit i vårt närområde. Felaktigheten i antagandet har noggrant utretts av Gösta Sandberg (Purpur, koschenill, krapp. En bok om röda textilier 1994).

En revolutionerande händelse i färgvärlden inträffade när metoden att åstadkomma »turkiskt rött« med krapp avslöjades 1747. Det skulle dröja ytterligare nästan 60 år innan man löst hur mönstring på de röda bottnarna kunde åstadkommas. De första lyckade försöken uppvisade svarta mönster åstadkomna med järn och garvämne. Dukarna gick under beteckningen »rödbottnad merino«. Efter kort tid kunde man åstadkomma flera färger genom olika slags etspastor och tilltryck. Utvecklingen inom färgningsområdet förde kemikunskapen framåt med stora kliv under det tidiga 1800-talet.

De anslående trycken åstadkoms i stora mängder såväl i Schweiz som i små verkstäder runt om i Europa. Hur de nådde oss är endast delvis känt. Under de långa tider då det rådde importförbud på lyxvaror kan vi sluta oss till att dessa åtråvärda och behändiga tygstycken utgjort en god del av »den dolda ekonomin«, det vill säga smuggelgods. En känd handlande var grosshandlaren Münnich i Falun, som från Wien köpte in rödbottnade kattuner med kunder från Övre Dalarna som avnämare.

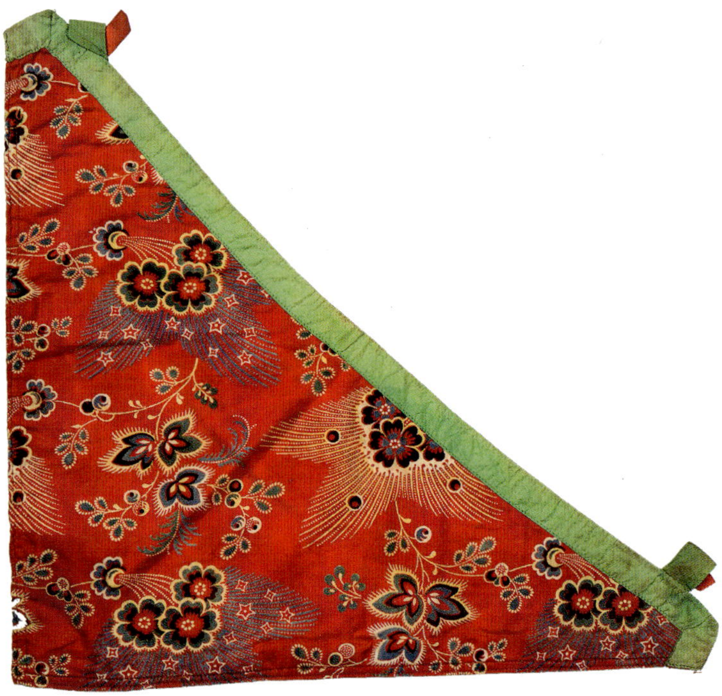

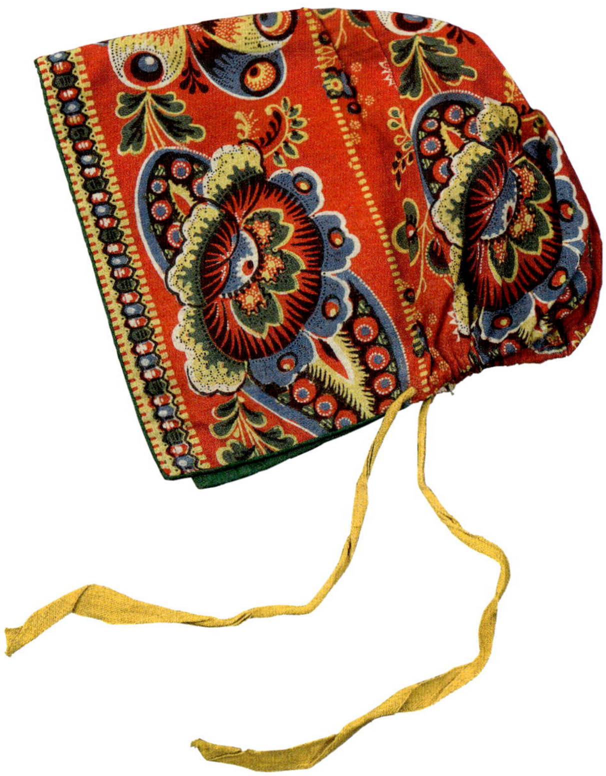

Halskläde, halstrasa, till rättviksdräkt. Till höger hätta till gagnefsdräkt.

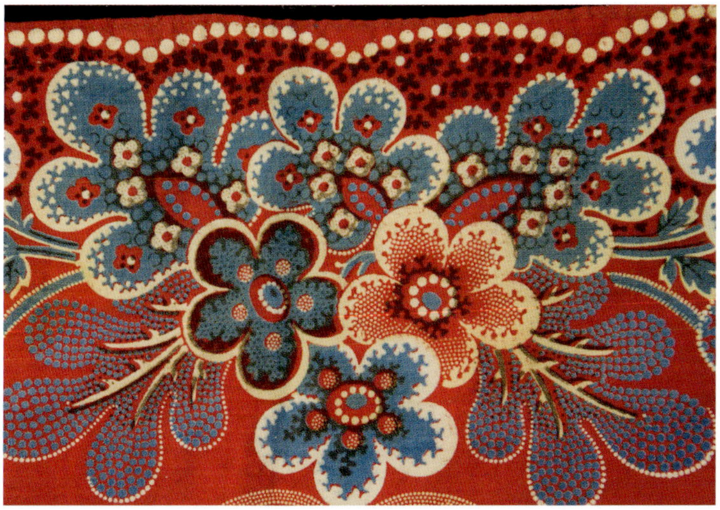
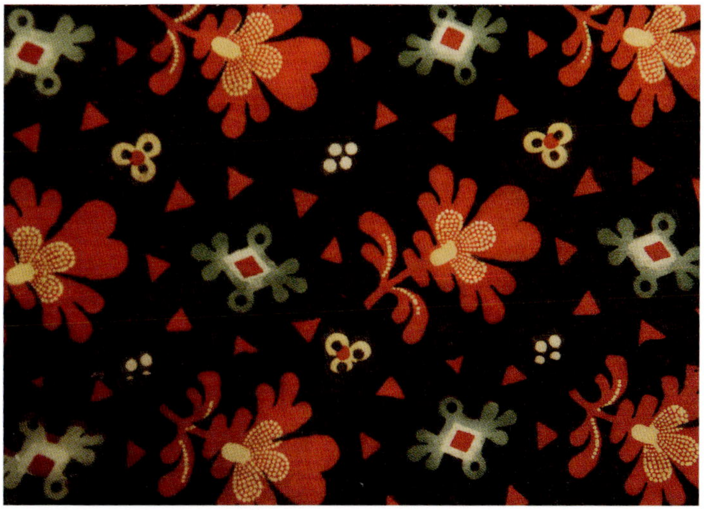
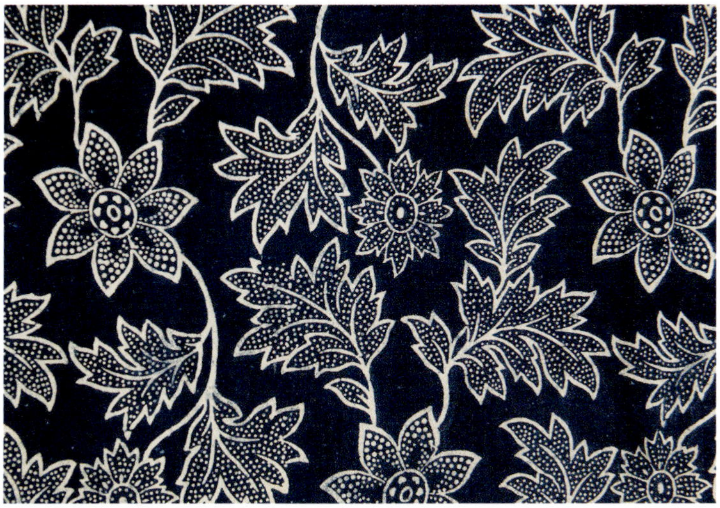
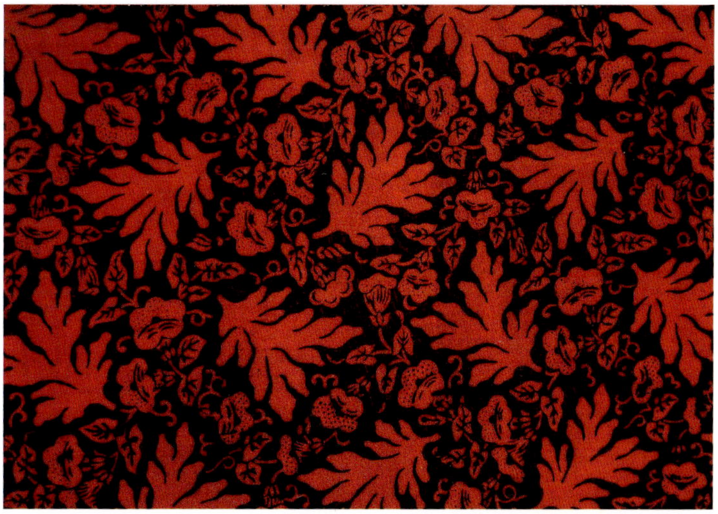
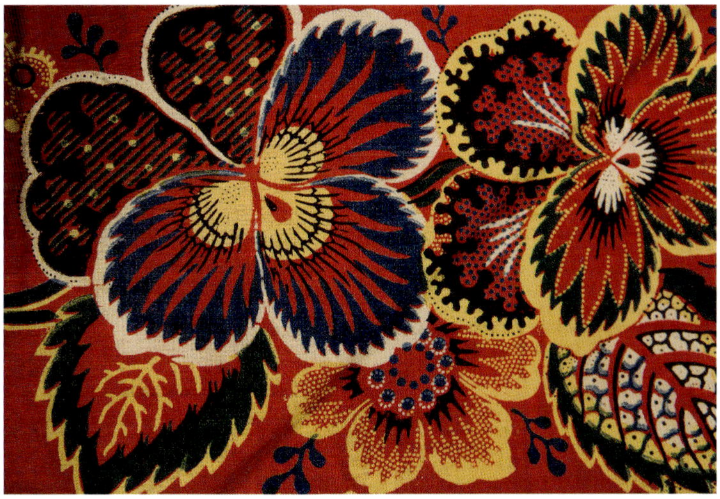
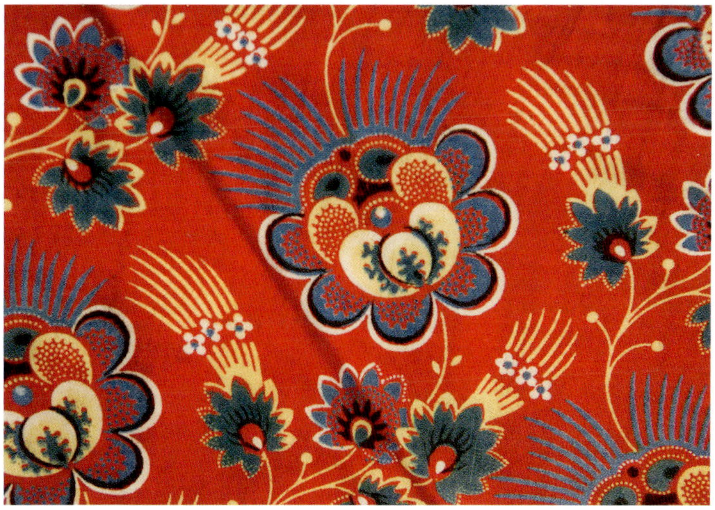

Bildspelet visar ett urval av museets kattuner.

VANTAR

I vårt nordiska klimat har förstås handbeklädnader en självklar roll. Trots den mängd som nålbundits, stickats och sytts för grova arbeten och vardagsbruk är det de vackraste vi helst lägger undan och spar. Handstickning har utövats av i stort sett alla kvinnor. Eftersom 1700-talets manufakturer framställde mängder av maskinstickade strumpor och vantar är det ibland svårt att avgöra om handstickerskan har inspirerat maskinstickaren eller tvärs om. Det gäller exempelvis de oerhört grant stickade fingervantarna i bomull som stickades och salufördes av kvinnor i Lima socken.

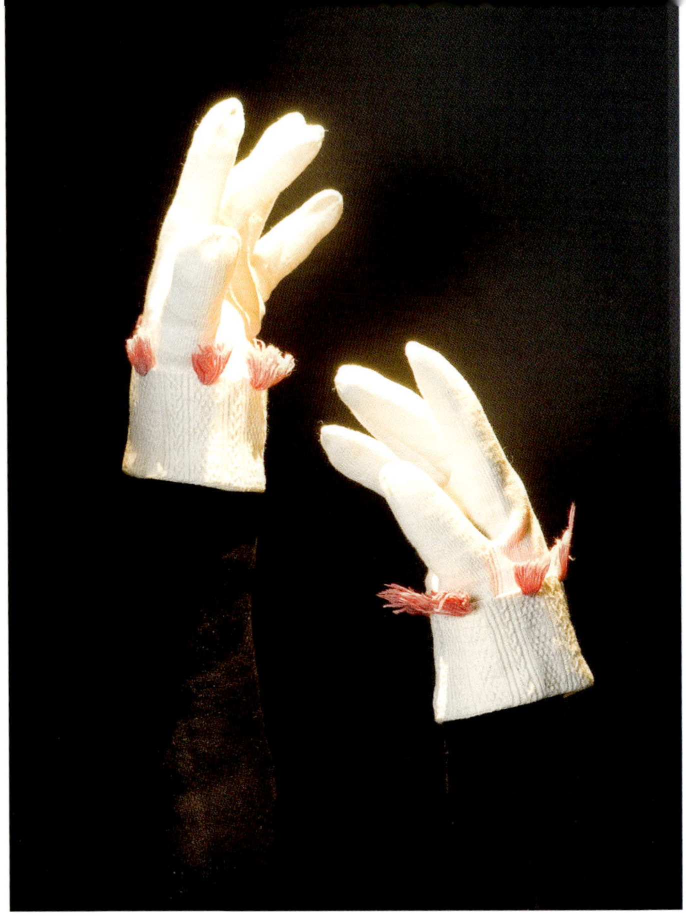

Montern visar vantar från Lima socken, tvåändsstickade i mycket tunt bomullsgarn. Från Haga Bertas och Johanna Johanssons gård, Risätra, Lima socken.

LÅDOR UPPIFRÅN

HALVVANTAR, tvåändsstickade av lingarn. Okänd härkomst.

HALVVANTE, tvåändsstickad av lingarn efter samma mönster som ovan men med något grövre garn och stickor. Okänd härkomst.

FINGERVANTE, tvåändsstickad av bomullsgarn. Stickad av Knuts Anna Larsdotter (1838–1916).

FINGERVANTE, tvåändsstickad av bomullsgarn, Lima.

---

1 **HALVVANTAR**, tvåändsstickade av vitt, blått och rött ullgarn. Broderade i kulört ullgarn. Mockfjärd, Gagnefs socken.

HALVVANTAR, tvåändsstickade av vitt och rött ullgarn. Ore socken.

2 **HALVVANTAR**, Tvåändsstickade i rött och vitt ullgarn samt tunn lintråd. Rättviks socken.

---

3 **TUMVANTE**, tvåändsstickad i ofärgat ullgarn, broderad (påsömmad) och försedd med frans av kulört ullgarn. Björbo, Dala-Floda socken.

TUMVANTE, nålbunden (sömmad) av ofärgat ullgarn, broderad med kulört ullgarn.

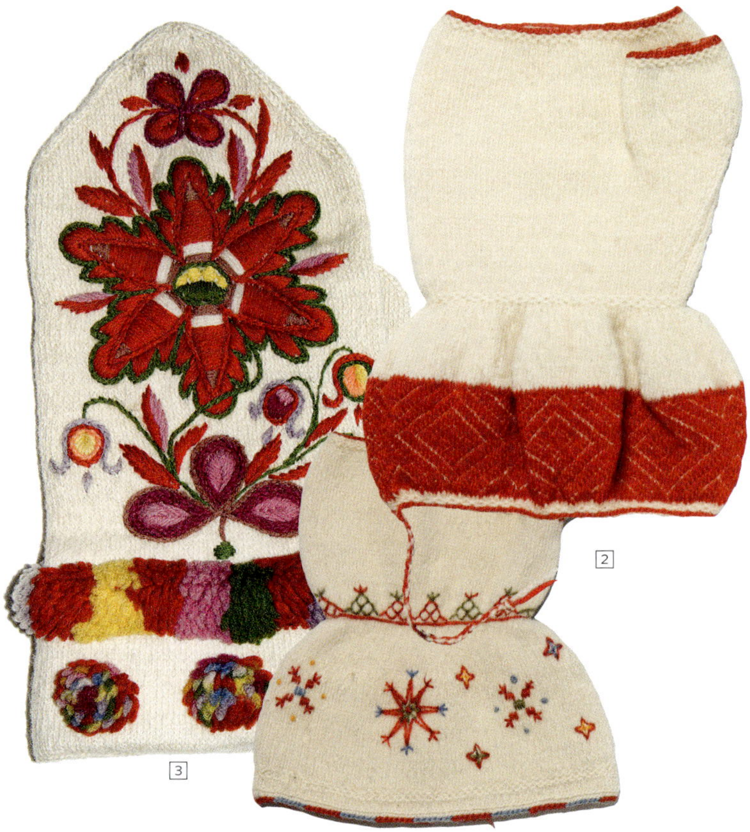

3

2

1

BAND

Innan häkten, knappar, säkerhetsnålar och dragkedjor gjorde dalfolkets tillvaro säkrare fick man förlita sig till snoddar och band. Varje sockendräkt har ett eller flera typer av band med olika funktioner och karaktärer. Bandvävningen blev en av flera möjligheter till försörjning, vid sidan av de små jordbruken. Särskilt i byarna Garsås och Nusnäs i Mora socken liksom i Gagnef specialiserade kvinnor sig på vävning och försäljning av band.

LÅDOR UPPIFRÅN

BRICKOR för bandvävning och litet, brickvävt band i bomullsgarn. Svärdsjö socken.
ELVÄNDBAND (11 plockade mönstertrådar) till konfirmationsförkläde, Linghed, Svärdsjö socken.
HÅRBAND, tuskaftvävt, vitt av bomull. Har burits av Kerstin Palmberg, Gräv, Gagnefs socken.

SLYNGAT BAND till brudgumshatt från Orsa socken.
1 **VÄVT BAND** av svart bomullsgarn med fem mönstertrådar i silke. Till brudgumshatten i Leksands socken.

DAMSTRUMPEBAND, mönstervävt av yllegarm och vitt bomullsgarn, Äppelbo socken.
KNÄBAND för man, flätat av ullgarn, Bjursås socken.
PINNBAND av ullgarn ocn gult och vitt bomullsgarn, Svärdsjö socken.

BAND, silkes- och paljettbroderade av fabriksvävt ylle. Använda vid bröllop. Leksands socken.
2 **BINDLAR** till brudgumshattar. Silkesbroderier på svart sidendamast med årtal 1816, Mora socken, samt ett band av okänd härkomst med årtalet 1848.

---

3 **BAND** från Ore socken (längst upp t v). Övriga utan härkomstuppgifter.
BROSCHERADE BLOMMOR i olika färger på ljus botten. Malungs socken.

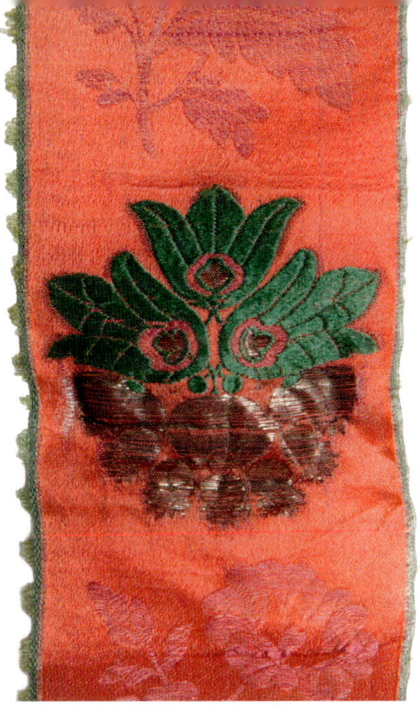

3

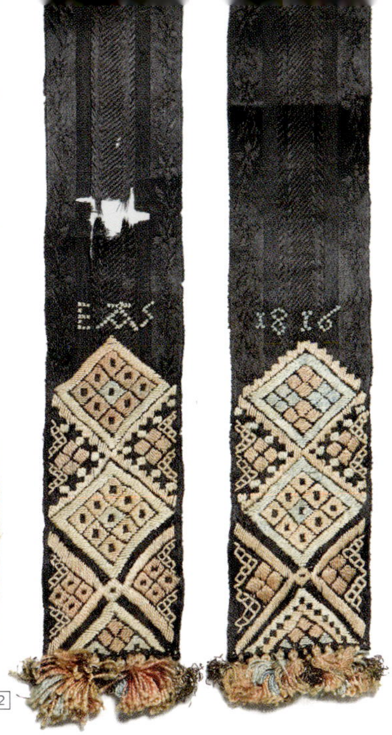

2

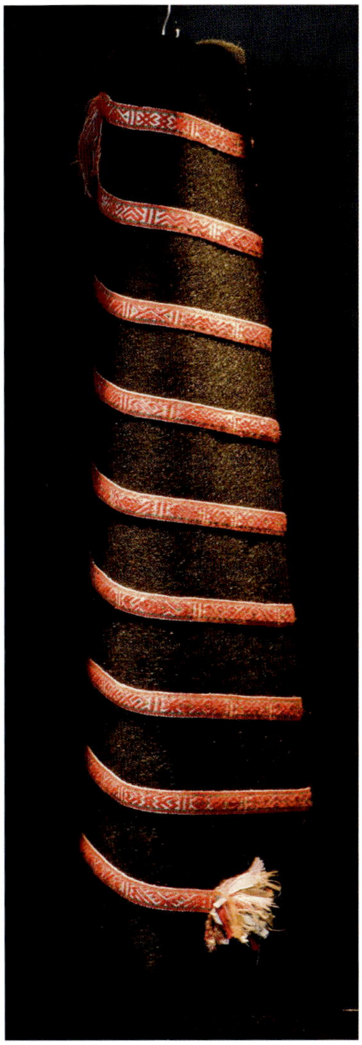

Montern visar en kopia av ett band från Orsa socken. Det 4,4 meter långa bandet har mönster mellan avgränsande stolpar där alla mönsterfigurer är olika.

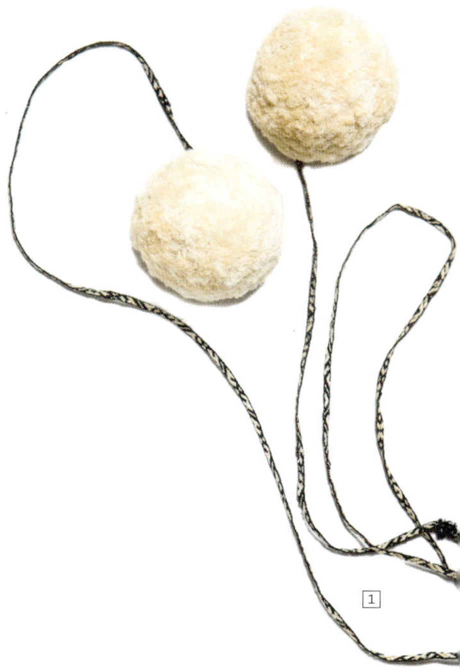

1

ARMRINGAR, HANDHOLKAR, ARMKRAFS...

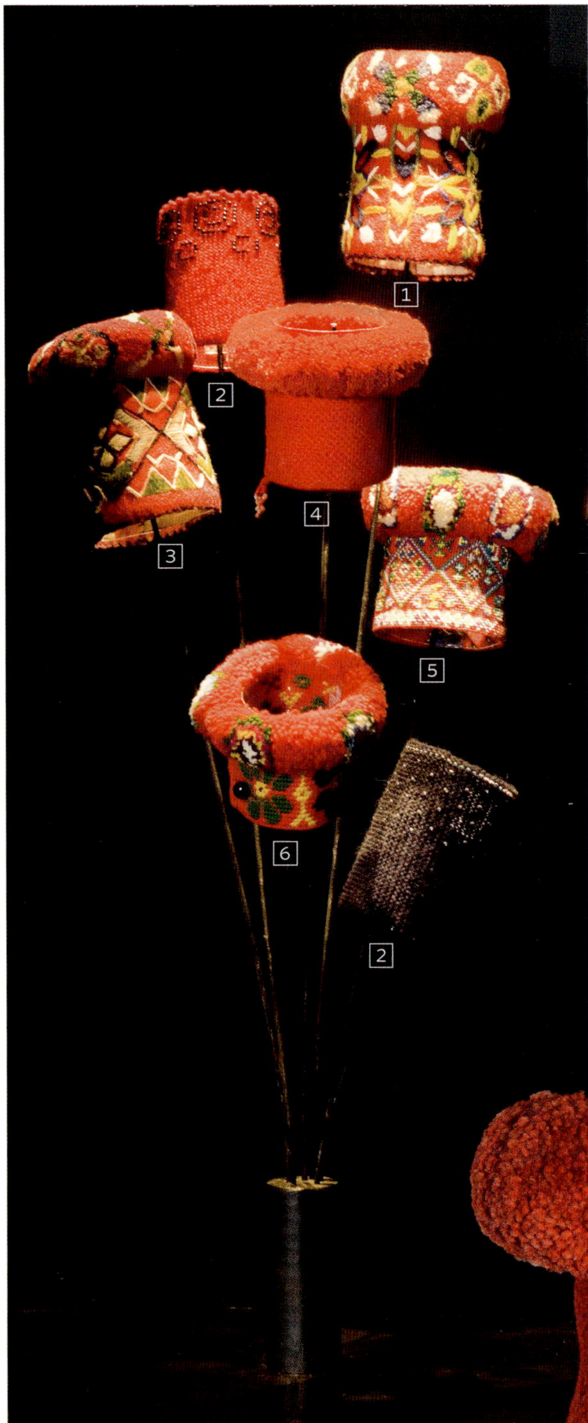

Den dräktklädde mannen skulle efter gammalt till högtid ha ett vackert ullbräm som stack fram ur rockärmen. Armringarna var gåvor från bruden och bars efter bröllopet vid högtidliga tillfällen. Utförande och material växlade från socken till socken. I Österdalarna – Ore och Boda – rundstickades oftast mudden på vilken man sydde på en kavelfrans i samma garn. Från Västerdalarna finner vi oftare armringar som är broderade på ett underlag av vadmal. Det broderade tyget fästs ihop med häkten. Armringen har ofta ett bräm av häpnadsväckande tät flossa. Virkade armringar har också varit vanliga här. I våra dagar har de pärlstickade »pulsvärmarna« blivit högsta mode, som nu bärs av kvinnor.

MONTERN

1 **ARMRING** broderad med vitt och kulört ullgarn på röd vadmal. Tätt flossat bräm. Nås socken.

2 **»PULSVÄRMARE«** (för kvinnor) av typ som har blivit mycket populär under 2000-talet. Enkel rätstickning med glaspärlor i instickade mönster.

3 **ARMRING** broderad med vitt och kulört ullgarn på röd vadmal och tätt flossat bräm. Troligen Dala-Floda socken.

4 **ARMRING** tvåändsstickad i rött ullgarn med tät kavelfrans i samma garn. Boda/Oreområdet.

5 **ARMRING** broderad med kulört ullgarn. Flossat bräm i kulört ullgarn. Tallbacken, Gagnefs socken.

6 **ARMRING** virkad av bomullsgarn i flerfärgsvirkning. Bräm i ull som ovan. Från Gröntuv, Gagnefs socken.

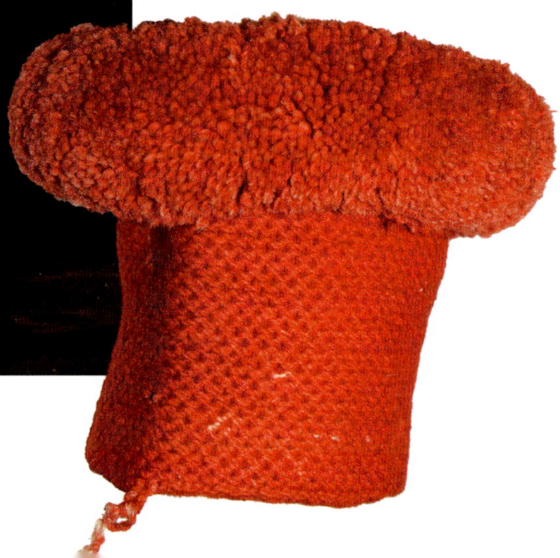

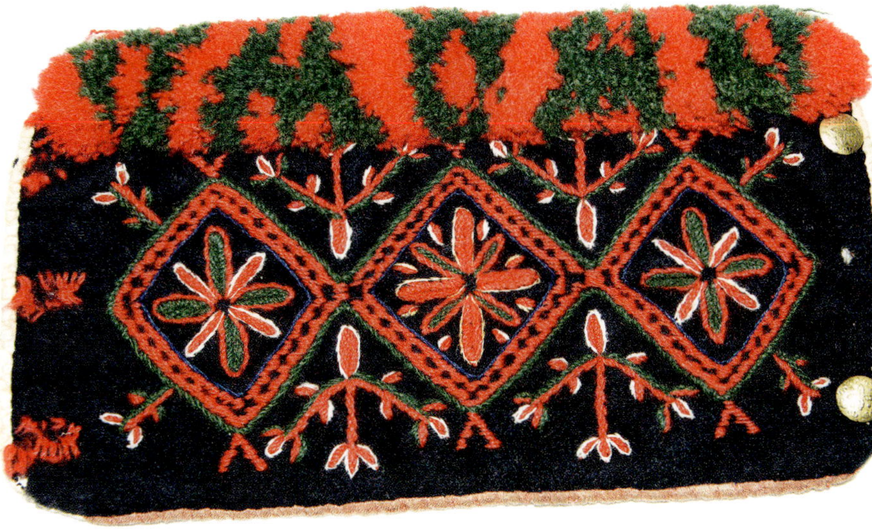

1

LÅDOR UPPIFRÅN

ARMRING, ribbstickad i rött ullgarn. Gles kavelfrans med gröna inslag. Mockfjärd, Gagnefs socken.
ARMRING, tvåändsstickad i rött, grönt och gult ullgarn. Bräm av ullgarn i flera färger. Har ägts av Berggårdsfar, född 1835. Nordbäck, Gagnefs socken.
ARMRING, tvåändsstickad i vitt och svart ullgarn. Dekorativa ränder i lila ullgarn. Boda socken.

ARMRING, virkad av ull i flerfärgsvirkning. Mönstret troligen hämtat från mönsterbok. Bräm i ullgarn. Okänd härkomst.
ARMRING, virkad av bomullsgarn i s.k. flerfärgsvirkning. Mönster och bräm som ovan. Okänd härkomst .

---

1 **ARMRING,** broderad med kulört ullgarn på blå vadmal. Flossat bräm av röd och grön ull. Nås socken.
2 **ARMRING,** broderad med kulört ullgarn på blå vadmal. Flossat bräm i kulört ullgarn. Dala-Floda socken.

ARMRING, broderad med vitt och kulört ullgarn på vadmal. Tätt flossat bräm. Dala-Floda socken.
3 **ARMRING,** broderad med vitt och kulört ullgarn på grön vadmal. Kantad med rödbottnad kattun. Tätt flossat bräm.

ARMRINGAR med pärlstickning. För kvinnor. Förvärvat från en handelsbod i Enviken. Lådan märkt »Handhålkar«.
ARMRING som blivit mycket populär på 2000-talet under benämningen pulsvärmare.

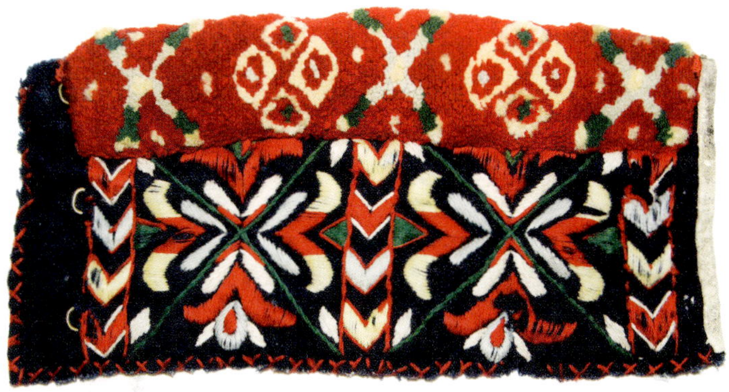

2

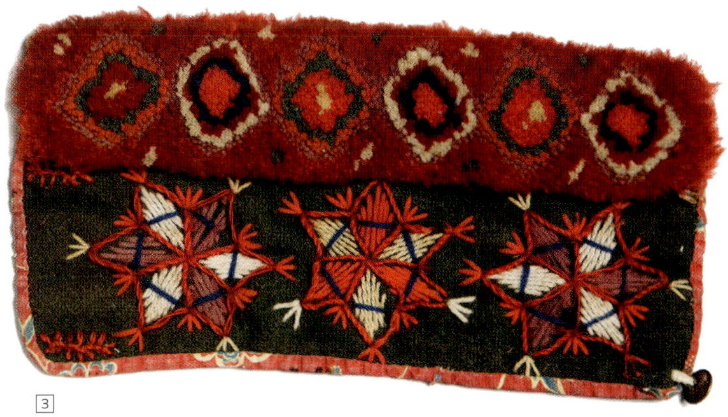

3

SAMEFÖREMÅL

Dalarnas museum äger en liten samling av samiska föremål, mest bruksting. Endast i få fall finns uppgifter om ägare, brukare och deras hemvister. Detta på grund av att de alltid har utgjort eftertraktade handelsvaror som ofta har passerat många händer. Några av föremålen härrör troligen från de sockenlappar som bott på olika platser i landskapet.

I LÅDORNA

BÄLTE av tennomspunna läderremmar, sammanhållna av mässingsringar och kopparbeslag. Enligt katalogkort »köpt av en lappkvinna, då hon 10 mil söder om Skorstuga i Jämtland vallade renar«.

KJOLVÄSKA med tenntrådsbroderier, Svärdsjö socken.

1 **TENNTRÅD OCH BENREDSKAP** för tenndragning från slutet av 1800-talet. Gåva av samen Lass Hägg i Sveden, Svärdsjö socken.

---

2 **BÄLTE** av läder och mässing. Nålhus av brons med årtalet 1834 och inskription »C.C: hr. d:tr.« Nålhus och band av dalatyp. Okänd härkomst.

---

3 **PUNG** i skinn och färgade glaspärlor. Mässingsringar runt kanten. Okänd härkomst.

PUNG i skinn och vadmal, prydd med tenntrådsbroderier. Ytterkanten har haft fem par mässingskedjor varav endast tre par finns kvar. Okänd härkomst.

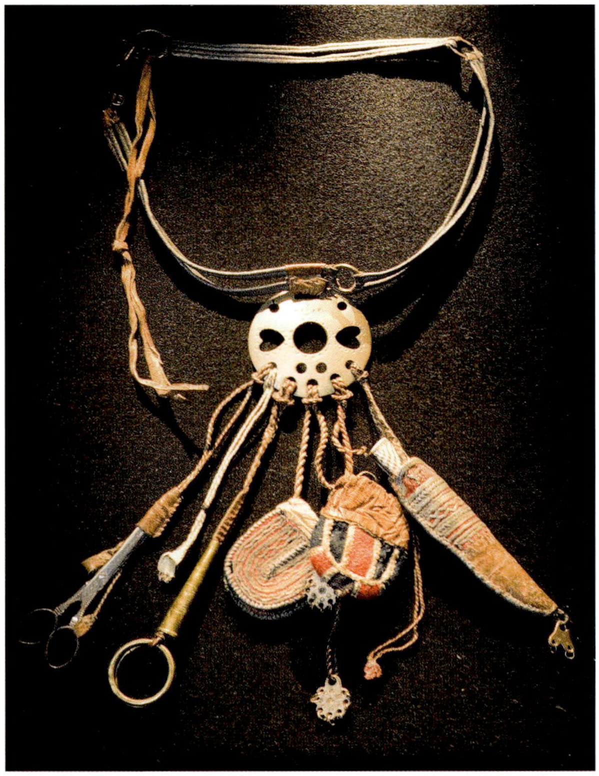

Bälte, tenntrådsomspunnet, med gehäng innehållande kniv med skaft av horn och tenntrådsarbetad slida, två små pungar av skinn och vadmal, nålhus av mässing och en sax tillverkad i Eskilstuna.

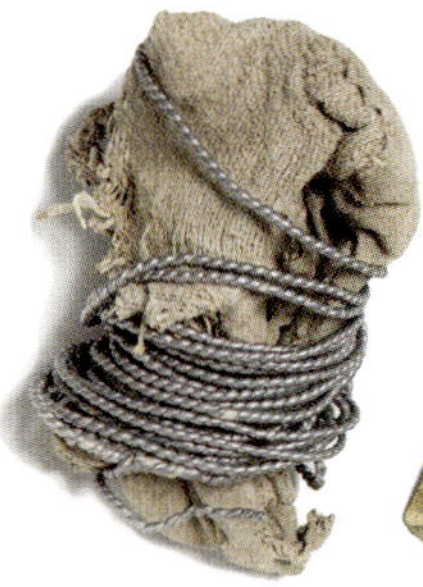

1

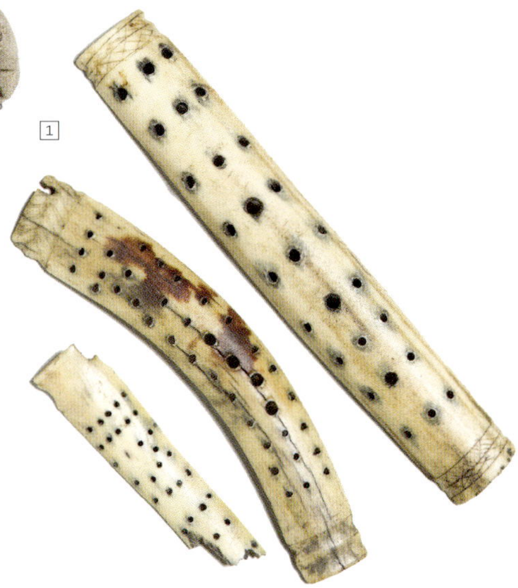

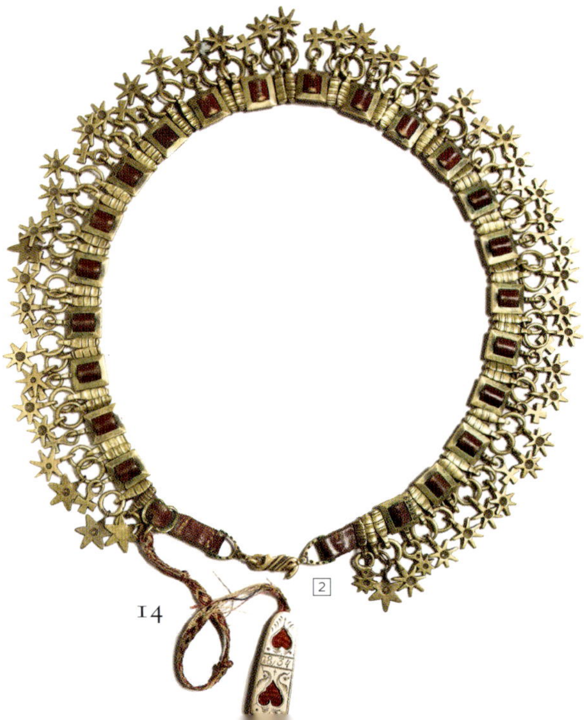

2

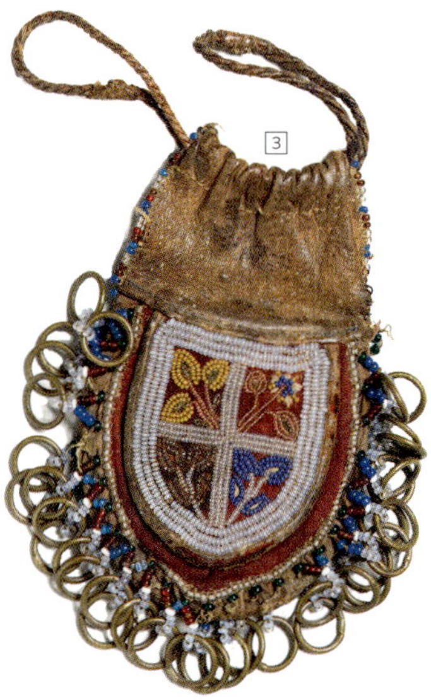

3

SIDENBRODERIER

Under 1700-talet blev silkesbroderier moderna. Tavlor, väskor och taskböcker (plånböcker) var åtråvärda föremål. Herrgårdsmamseller och borgerskapets döttrar var flitiga brodöser. Ofta såldes dessa små lyxartiklar som presenter. I det folkliga modet blev sidenbroderier på liv och bindmössor populära.

LÅDOR UPPIFRÅN

SEDELBOK/PLÅNBOK av ursprungligen ljusblått taftsiden. Broderad med silkesgarn i plattsöm, stjälkstygn, schattersöm. Okänd härkomst.

DUK AV SIDENSATIN. Litet övningsstycke. Broderad med silkesgarn i plattsöm och stjälkstygn. Från prosten Ekströms dödsbo, Falun.

---

1 **SEDELBOK/PLÅNBOK** av svart sidensatin. Broderad med silkesgarn i plattsöm, stjälkstygn, schattersöm och kedjesöm. Transportsedel skriven i tusch på plånbokens insida, 1797. Har tillhört Blumenberg, St. Kopparbergs socken.

---

2 **SEDELBOK/PLÅNBOK** av ursprungligen lila sidensatin. Broderad med silkesgarn i plattsöm och stjälkstygn. På insidan transportsedel skriven i tusch samt: »No 16601... Stockholm den 24 Dässember 1823«.

SEDELBOK/PLÅNBOK av röd sidensatin. Broderad med silvertråd, glaspärlor och paljetter. Blommor och blad av kulörta, påsydda silkesband i trikå. Märkt CFB och 1791. Har tillhört Blumenberg, St. Kopparbergs socken.

BRUDSTRUMPEBAND i sidenstramalj och band i sidensatin. Broderat med pärlor och silkesgarn i petits points. Buret den 26 maj 1843 av Brita Chr. Wenström, Falun.

ALMANACKSPÄRMAR med pärlbroderi på perforerad papp. Märkta 1864 och IS. Från Slussen, Falun.

3 **ANTECKNINGSBOK** med invändiga fack. Broderad med pärlor och petits points i silkesgarn. Har tillhört Maria Kronberg, Falun.

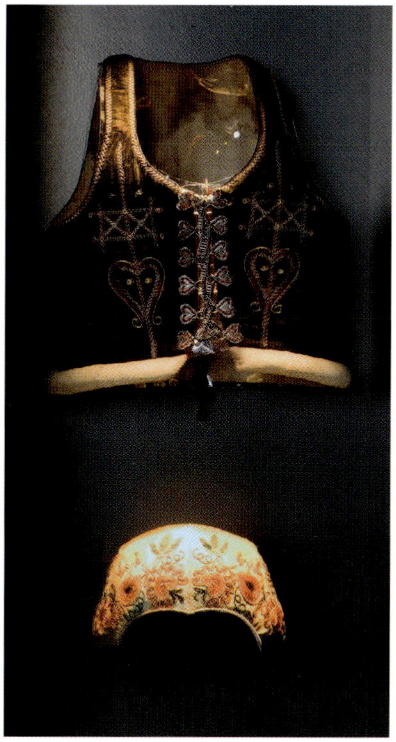

Liv av siden med silkesbroderier, Djura, Leksands socken. Bindmössa av siden med silkesbroderier i tambursöm. Har burits av Elin Gustafsson, Ängarna, Säter. Se även bilden nedan.

2

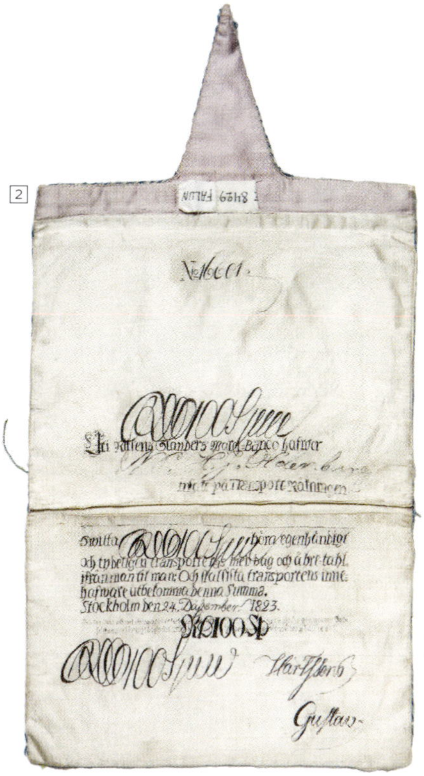

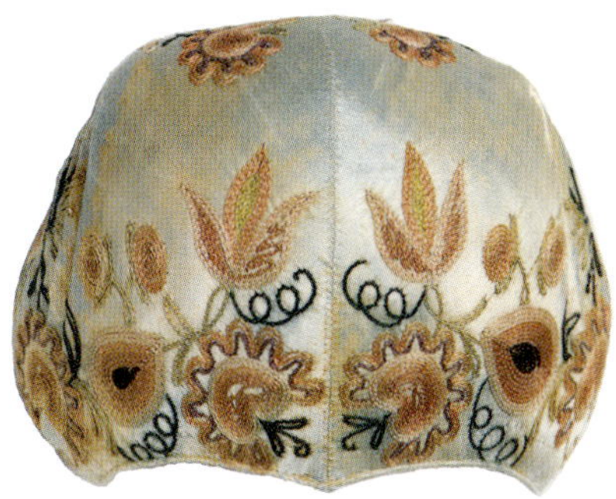

3

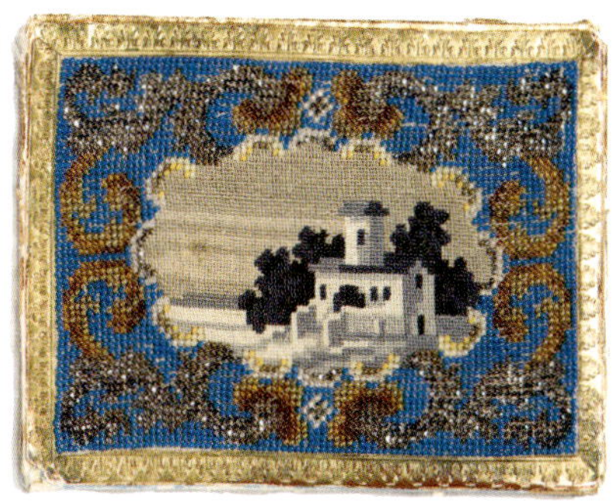

1

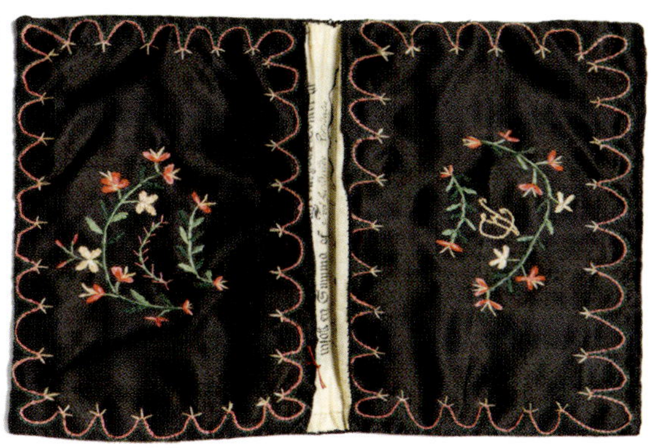

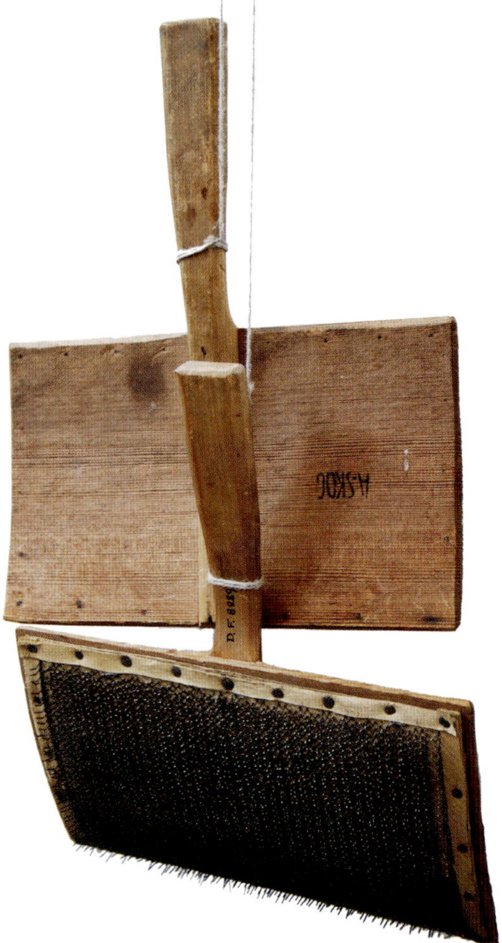

DEN TIDIGA BOMULLSINDUSTRIN

I Falun och omgivande socknar har en omfattande bomullsspinning ägt rum. Det stora antalet oförsörjda änkor och barn i Falun fick Gruvrätten att redan på 1720-talet starta en spinningsverksamhet i Trotzgården. Det var ull man spann och sysselsättningen avstannade efter kort tid för att efter några år återupptas, nu med bomull som råvara. Verksamheten kom att växa sig stor, omfattandes både spinning i manufakturer och i hemmen genom så kallad förlagsverksamhet. Många av de kvinnor och barn som genomgått Maria Grans spinnkurs, eller lärt av varandra, utrustades av sin förläggare med kardor, långrock och härvel. Antalet spinnerskor uppgick 1780–1810 till ca 2000 kvinnor och barn. Vissa år närmade sig antalet 3000 personer.

De stora mängderna spunnen bomull omsattes till vävnader och stickade plagg, främst i Falun och Leksand där man etablerade statligt subventionerade manufakturer. De första stickmaskinerna, »strumpstolarna« (William Lees uppfinning från 1589), importerades till Sverige av Jonas Alströmer 1723. För att dessa bättre skulle få plats såväl i de tidiga fabrikerna som i hemmen konstruerades de om av Christoffer Polhem eller möjligen en släkting till honom. Utställningens strumpstol har lånats från Gruvmuseet i Falun.

Ovan: Kardor av Skogs tillverkning i Falun.
Nedan: Långrocken var vanlig vid bomullsspinning under 1700-talet. Eftersom den saknade trampa vevade spinnerskan hjulet med en hand medan hon spann med den andra. Långrock från Envikens socken. Nedan till höger: Haspel/härvel som har tillhört Nanna Fahlvik, Falun.

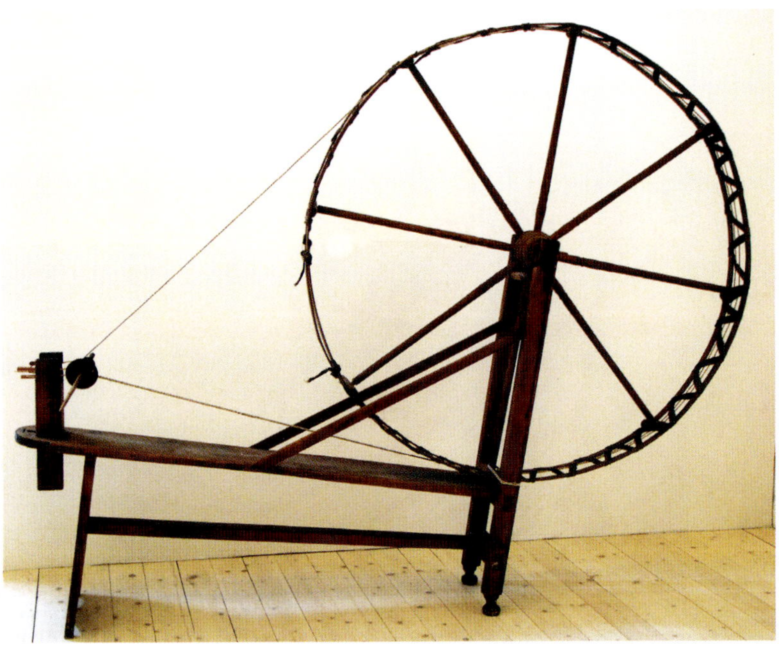

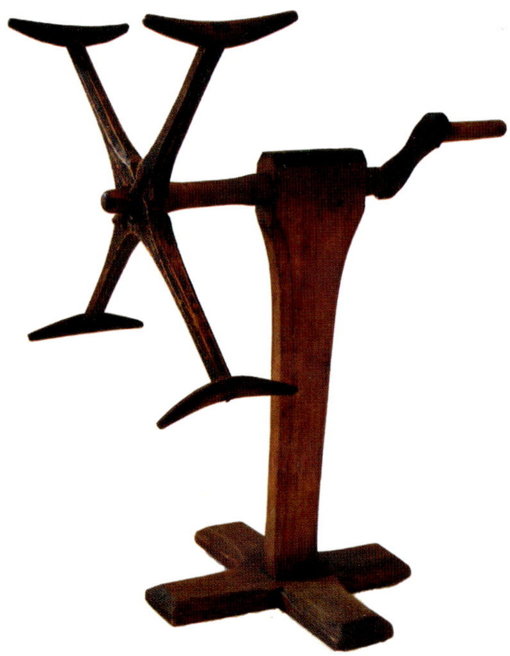

KNYPPLING, TRYCK OCH BRODERIER

Vid sidan av den förnämliga vadstenaknypplingen har flera folkliga, ortstypiska knypplingar uppstått i vårt land. En av dem är dalknypplingen som har haft sitt centrum i Gagnef, särskilt i kapellförsamlingen Mockfjärd. Med hemtäljda knyppelpinnar och, åtminstone i den tidigaste tillverkningen, hemspunnen tråd, knypplades oräkneliga spetsar till kvinnornas hattar. Själva underlaget, kudden, var också hemtillverkad – ofta hårt stoppad med vitmossa. Medan vadstenaknypplingen utförs med ett uppstucket mönster som underlag har man i Dalarna arbetat på fri hand. Endast ett randigt eller rutigt tyg har underlättat för knypplerskan att hålla kanterna jämna. I de kringliggande socknarna hade kvinnornas hattspetsar olika karaktärer.

Konstnären Ottilia Adelborg, som bosatte sig i Gagnef 1903 hade ett stort intresse för knyppIingskonsten. Hon företog inventeringsresor i de omgivande trakterna och lät inrätta knyppelskola för unga flickor, vilket bidrog till att bevara hantverket.

Liksom många andra handaslöjder – bandvävning, påsöm, kjolrynkning med mera – bidrog uppsvinget på knyppelområdet till växande ekonomi i hushållen.

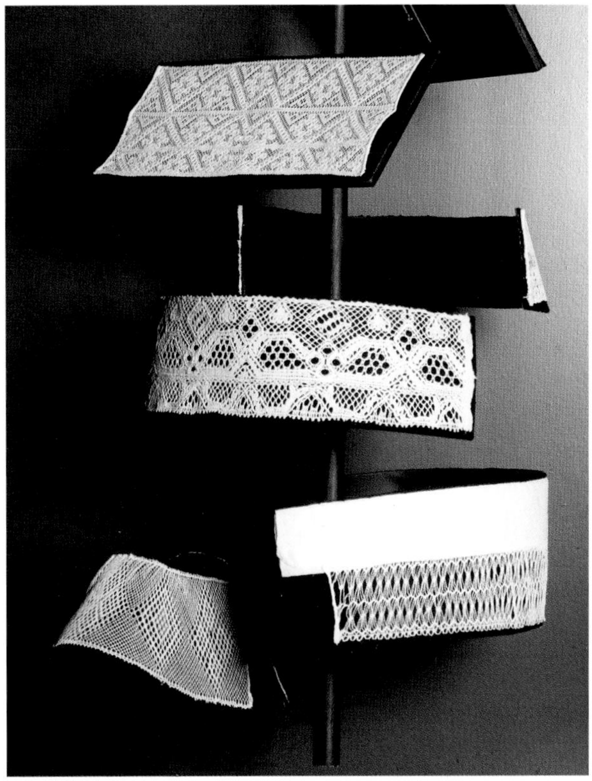

Knypplingar, knytningar, som använts till kvinnornas hattar. De tillhör sockendräkterna i (uppifrån) Mockfjärd, Gagnef, Åhl, Dala-Floda, Boda/ Rättvik och Bjursås.

LÅDOR UPPIFRÅN

BOKKLÄDE i blått med vitt reservagetryck, d v s tryckaren har anbringat en ogenomtränglig pasta som lämnat vita partier efter färgningen. Känt från flera dalasocknar, använt till att bära psalmboken i eller som prydnad hängande från bältet i brudutstyrseln. Gröntuv, Gagnefs socken.

HALSKLÄDE av mönstervävt och handtryckt linne från Hedemora.

Broderier med rätlinjig plattsöm på linnebotten:

HALSKLÄDE, Leksand (underst).

PÅBÖRJAT BRODERI till kvardar (ärmlinningar) med mönster av »riddarstjärnan«.

KVARDAR uppifrån: Leksand, Bjursås, Gagnef, Gagnef och Leksand. Alla avslutade med nuggor.

KVINNOHATT med nackbroderi. Rättvik.

MANSKRAGAR från Leksand.

Tupphalskläden med svartsticksbroderier i silke på linnebotten:

HALSKLÄDE från 1823. Silket färgat med sot.

HALSKLÄDE från 1842. Silket färgat med sot.

HALSKLÄDE från 1879, broderat med köpt, svart silkesgarn.

RYNKHATT i mycket tunt linne med broderad nacklapp och fint rynkat nackparti. Sollerö socken.

BRUDHALVVANTAR, broderade i linne. Häradsarvet, Sollerö socken.

LINNEHATT för gift kvinna, keling´att, broderad i framkant och nackparti. Sollerö socken.

HALSKLÄDE, broderat i linne. Sollerö socken.

RYNKADE KJOLAR

Permanentade veckningar har varit populära genom historien. Vi återfinner dem exempelvis på avbildningar från det gamla Egypten och från vikingatida gravfynd från Birka. I folkdräkter har den här typen av veckningar blivit kvar, inte minst i Övre Dalarnas kjolar. Benämningarna har varit många: rynkning, langning, passning, goffrering, plissering...

De tidiga kjolarna syddes samman av tre hemvävda våder vävda av svart ullgarn på linvarp. De har vävts på 3 skaft eller, för sommarbruk, hellinne i tuskaft. Tre sammansydda våder lämnades sedan till en lagnerska, som hade den tålamodskrävande uppgiften att nåla fast varje rynka i hela dess längd, ofta med en spik som mått på rynkornas djup. Hon arbetade med ett dörrblad eller ett gammalt bord som underlag.

Vid 1800-talets slut hade införskaffats rynkningsmaskiner. De användes åtminstone vid tre orter: Mora, Gagnef och Orsa. Rynkorna kunde nu göras mycket tunna och fina och hade en fantastisk spänst. Varpen i kjoltyget hade nu bytts till bomull. När rynkningsmaskinerna gick sönder och ingen kunde laga dem övergick man till att maskinsticka kjolarna, vilket nu blev ett nytt inslag i dräkterna. De maskinstickade yllekjolarna tillverkas ännu på 2000-talet.

En kort tid under 1990-talet vävdes och rynkades åter kjoltyg på den nu lagade rynkningsmaskinen. Materialet var ull i varp och inslag och väven rynkades i hela sin längd vilket ändrade riktning på kjoltyget.

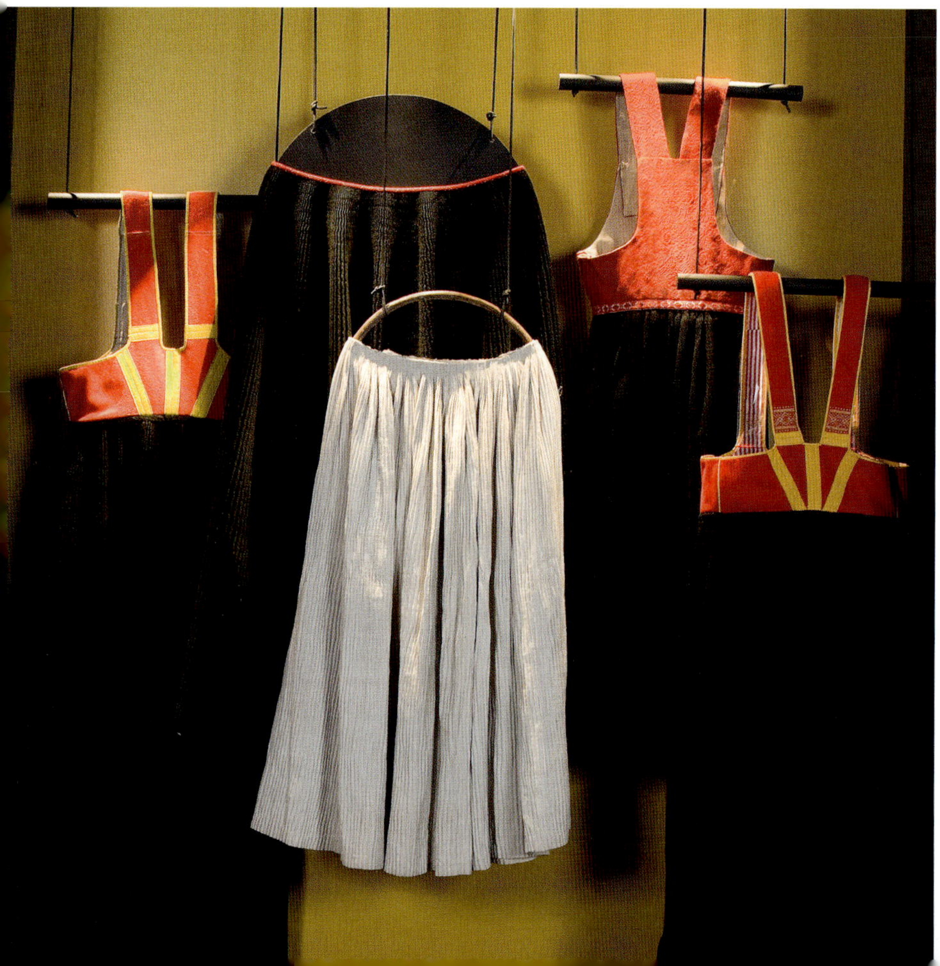

FRÅN VÄNSTER

LIVKJOL med handrynkad kjoldel. Ullinslag på linvarp, vävd med tre skaft. Venjan.
KJOL med handgjord rynkning. Ullinslag på linvarp, vävd med tre skaft. Bjursås.
KJOLDEL till sommardräkt. Handgjord rynkning. Hellinne vävd i tuskaft. Orsa.
LIVKJOL med maskinrynkad kjoldel. Ullinslag på bomullsvarp, tre skaft. Nertill påsydd kappa av svart kläde. Orsa.
LIVKJOL med maskinstickad kjol i helylle. Nertill påsydd kappa av svart kläde. Mora.
ORSAKVINNA som rynkar en kjol. Skiss av Bengt Nordenberg.
MASKINVÄVT OCH MASKINRYNKAT TYG i helylle, vävt på Mora väveri på 1990-talet.

»Dalkarlen och hans Kulla äro genom sin klädnad ökände hvart de komma. De finna sig dock dervid så väl, at de ingen ändring tåla i sin gamla drägt. Det händer, at deras barn, som någon längre tid tjent i Stockholm, komma hem med mycken grannlåt; men de hafva ingen ro och trefnad bland sina egna, innan de bortlagt altsammans.«

Hovpredikant Eric Waller 1773

Grönings Erik och hans hustru i vardagsvarianter av bjursåsdräkten. Foto Joh. Jansson i Dalarnas museums arkiv

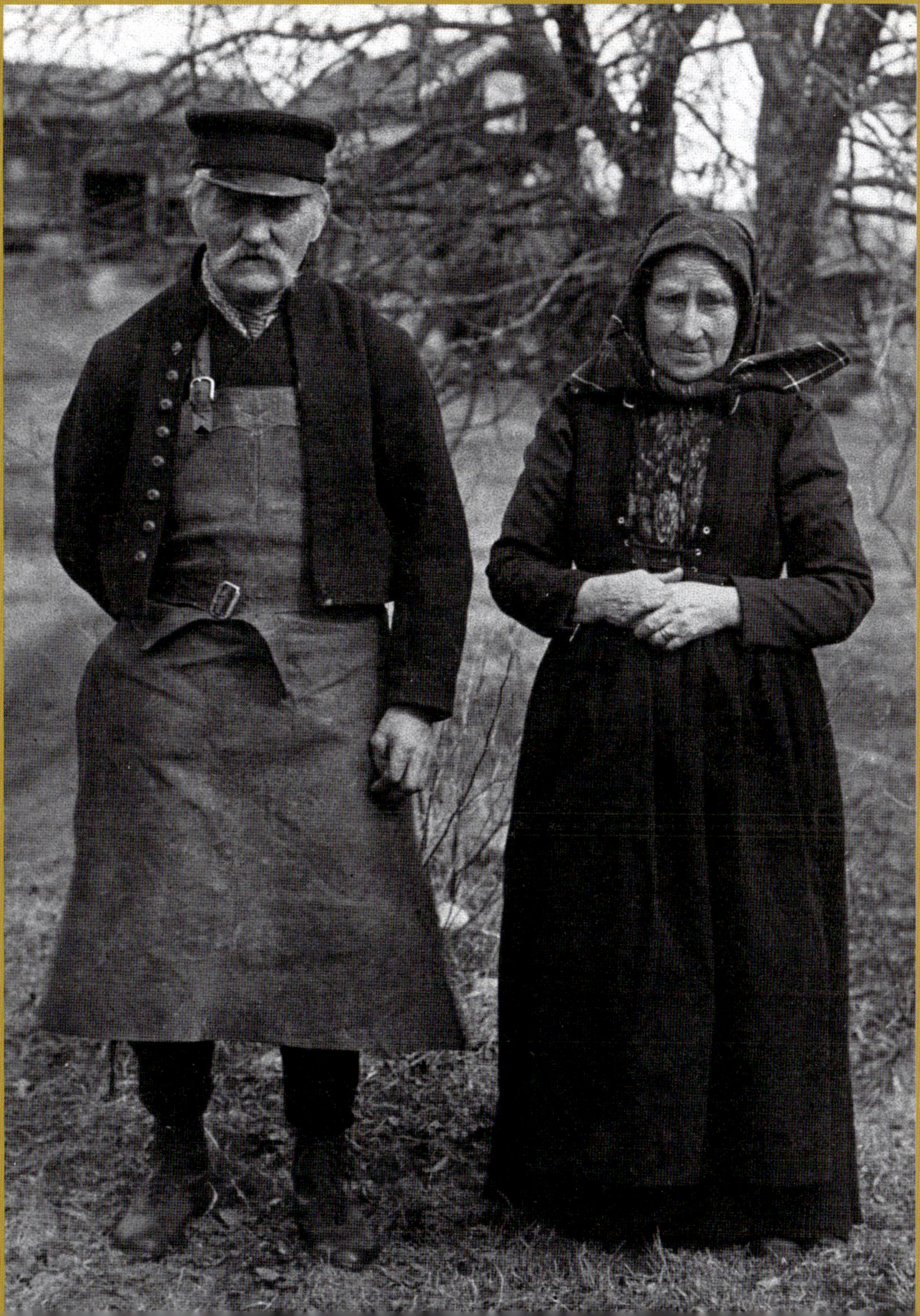

Alla dessa kläder som utgör våra sockendräkter! De anslående färgerna och formerna drar till sig uppmärksamhet. Vid ett närmare studium upptäcker man strax en häpnadsväckande handaskicklighet och detaljrikedom i bandvävnad, sömnad och broderier.

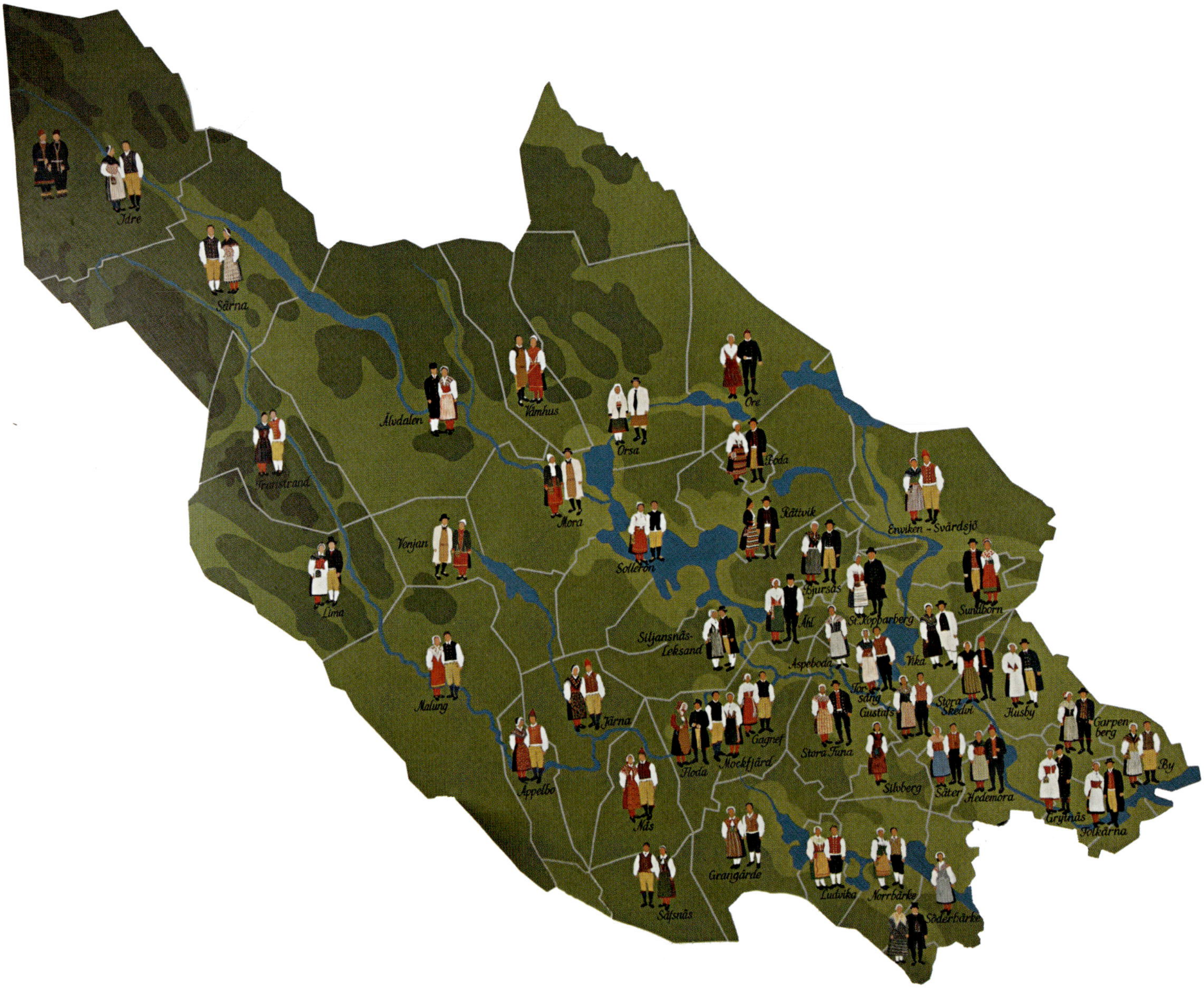

Karta med Dalarnas sockendräkter målad av Sven-Olof Gudmunds.

Bjursås

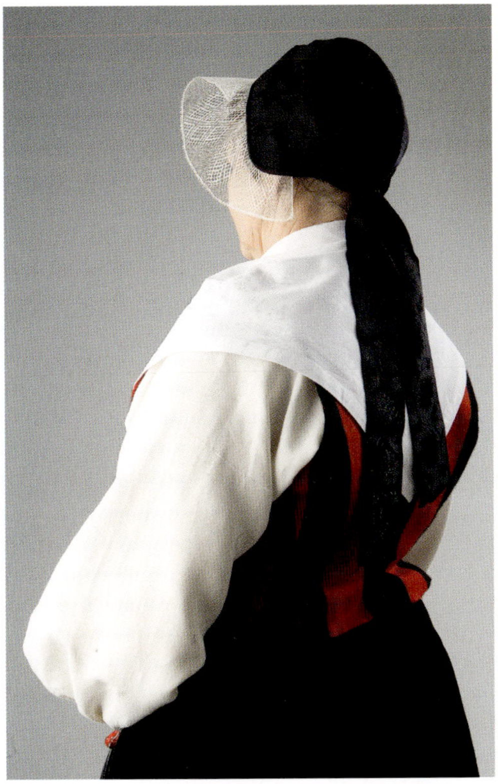

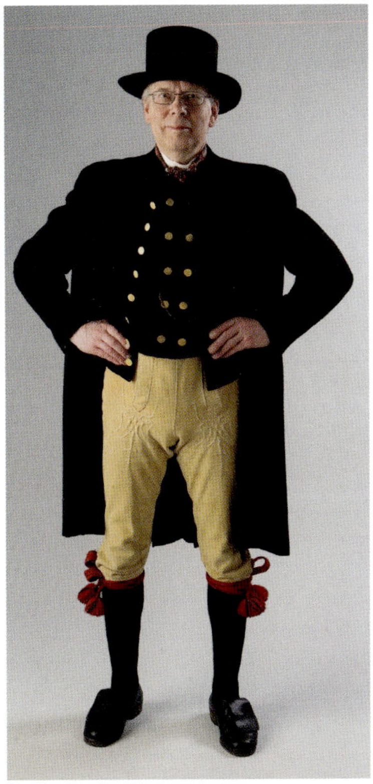

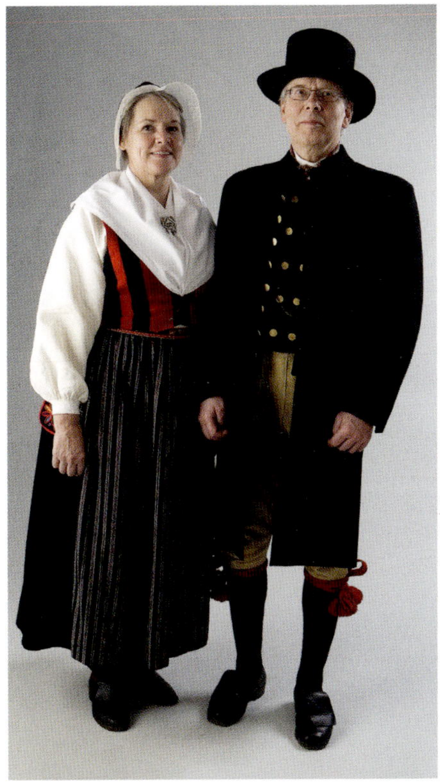

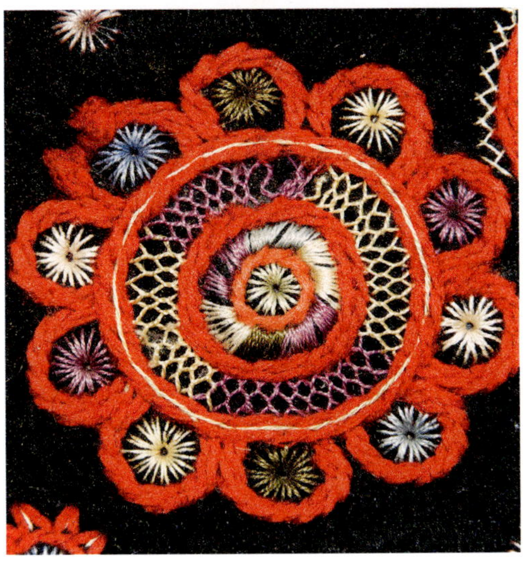

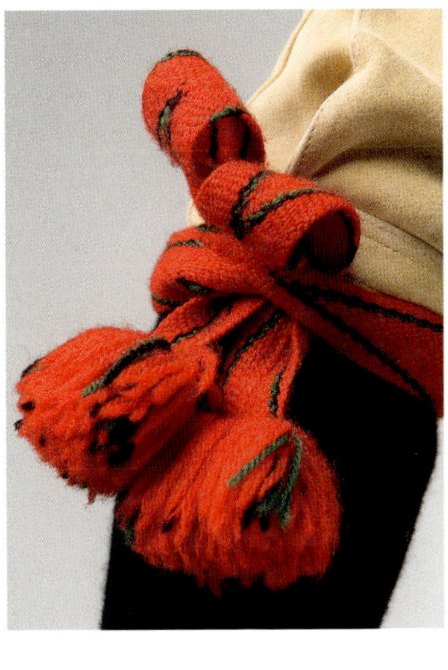

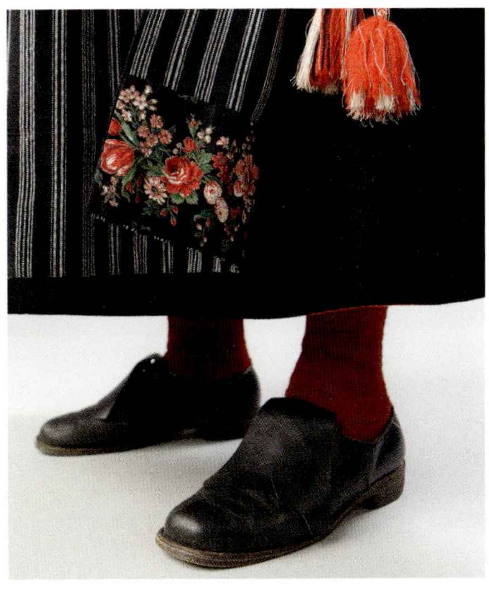

Boda

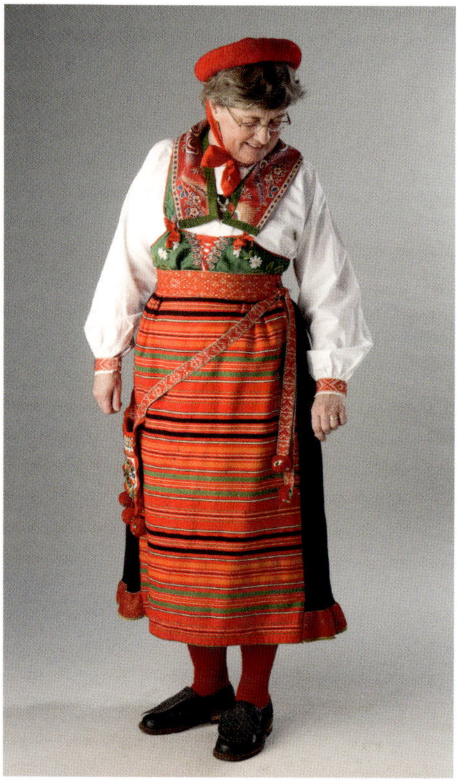

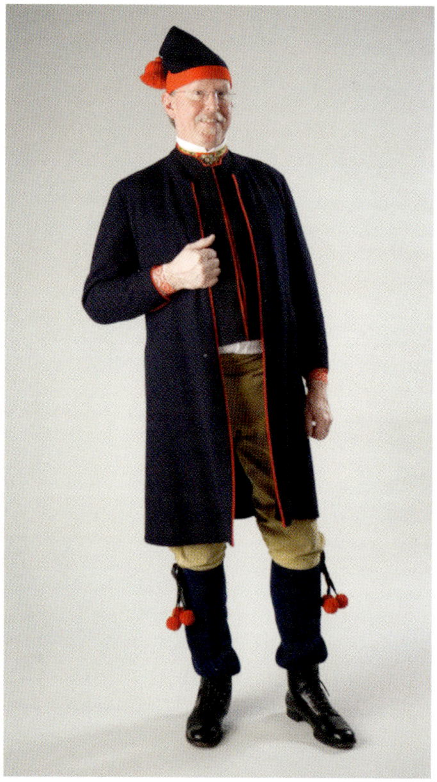

By

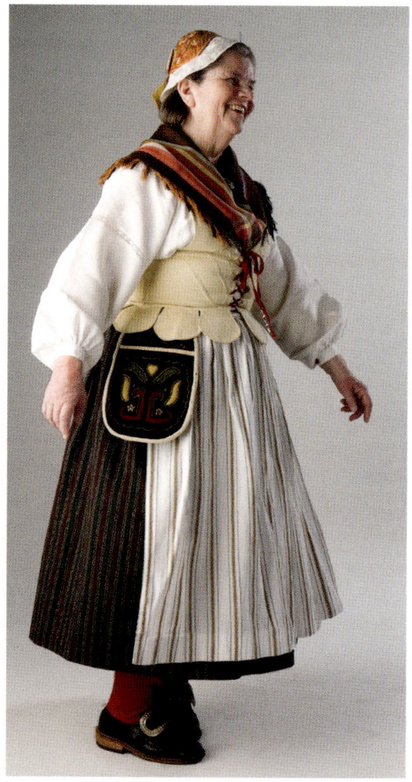

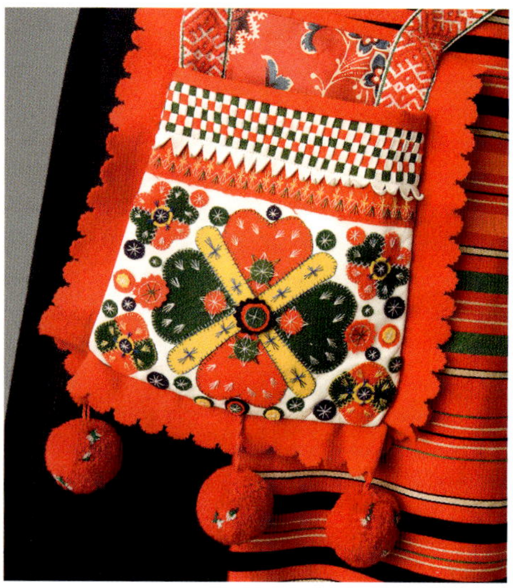

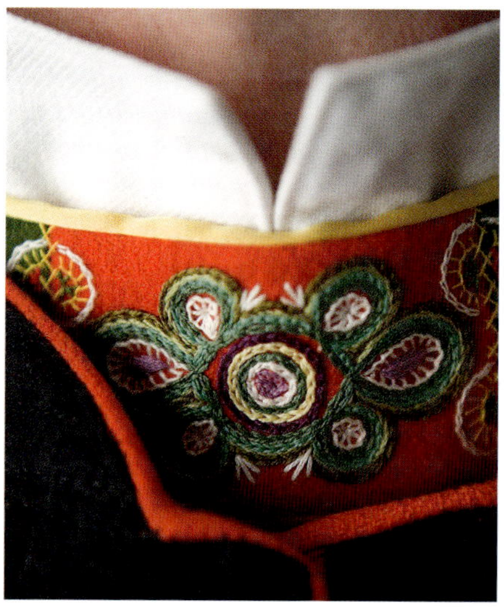

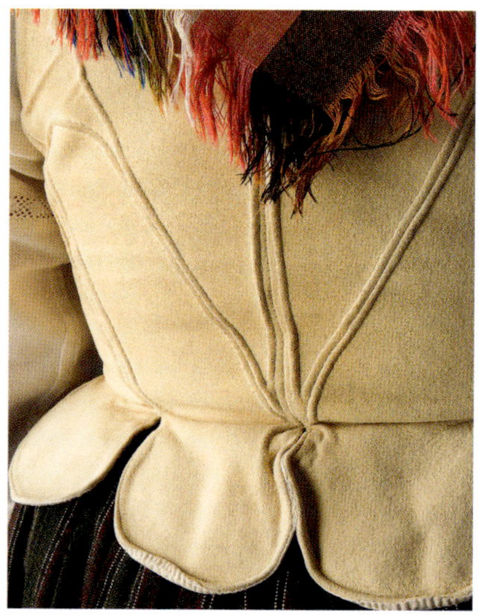

Dala-Floda

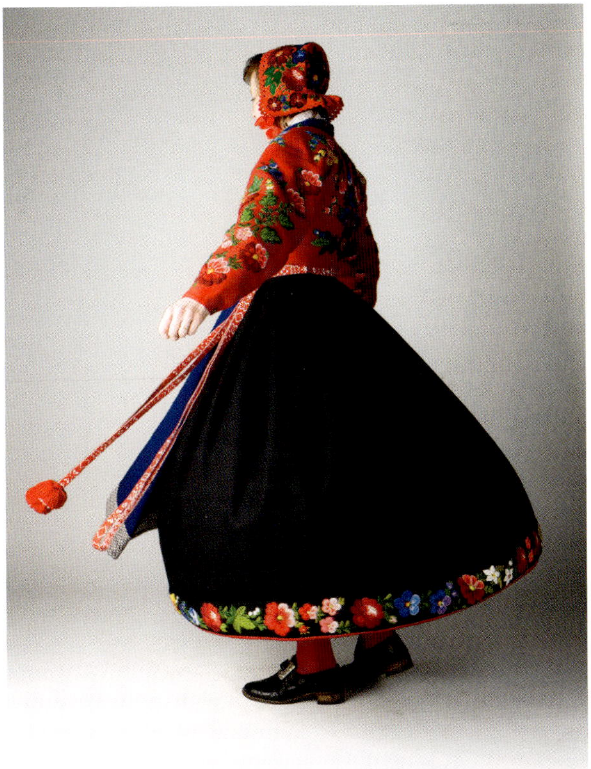

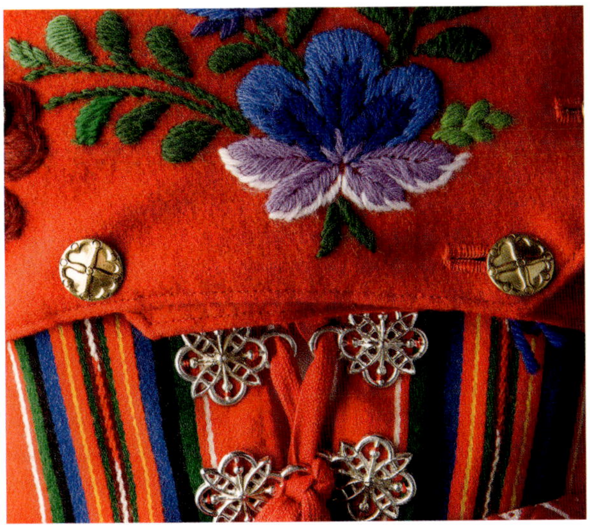

Dala Husby

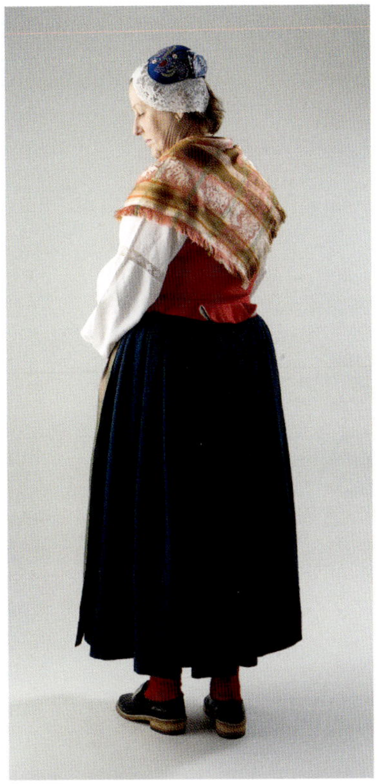

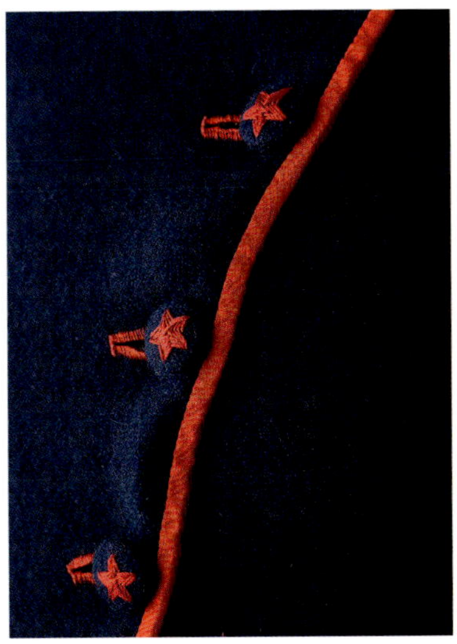

Dala Järna

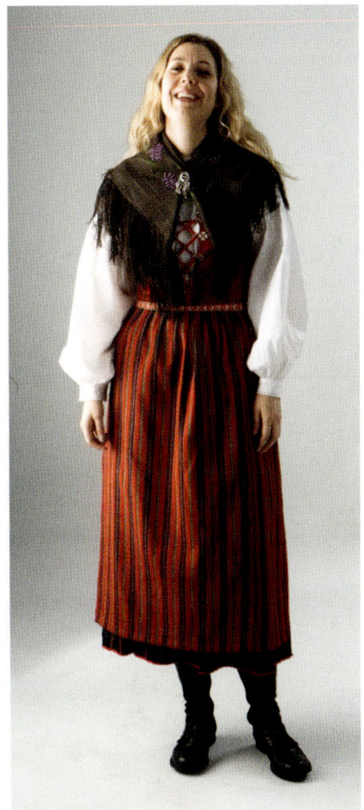

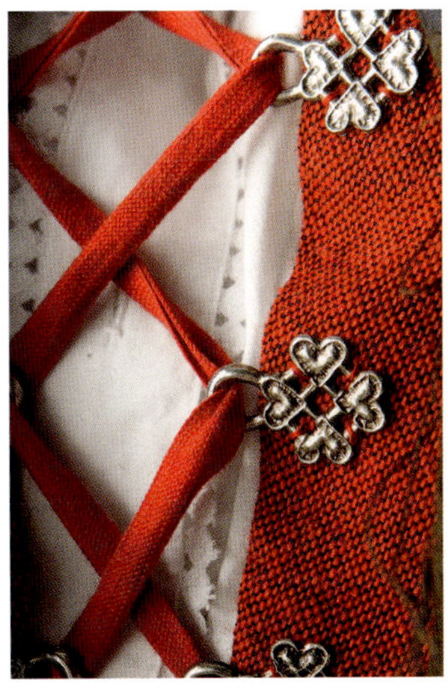

Dala Järna

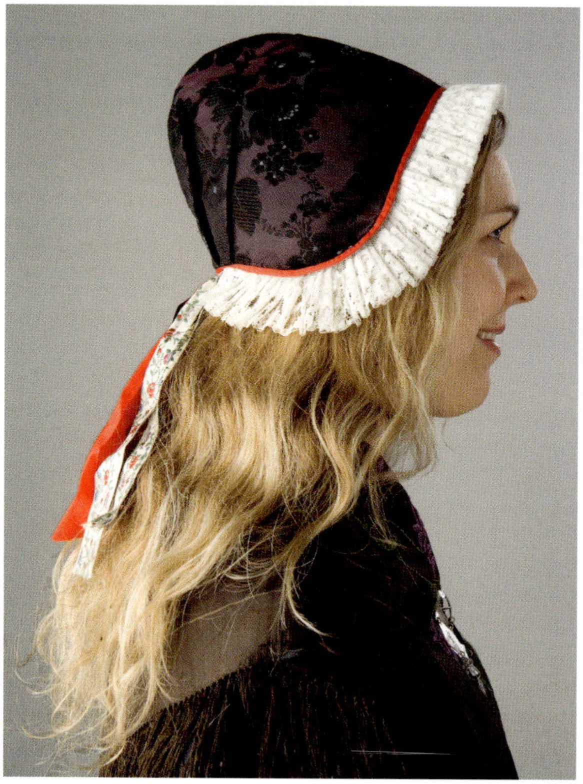

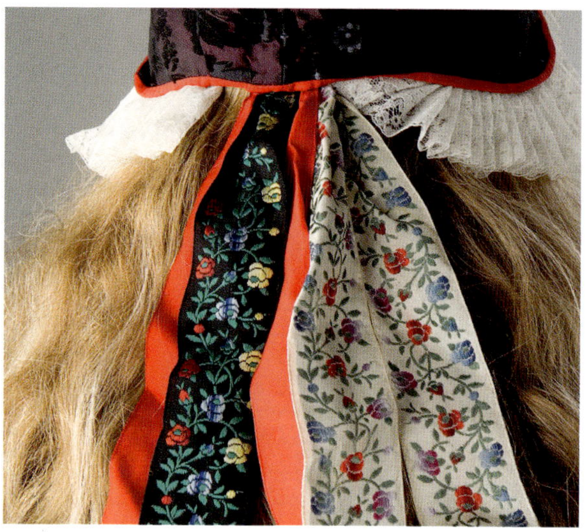

Folkärna

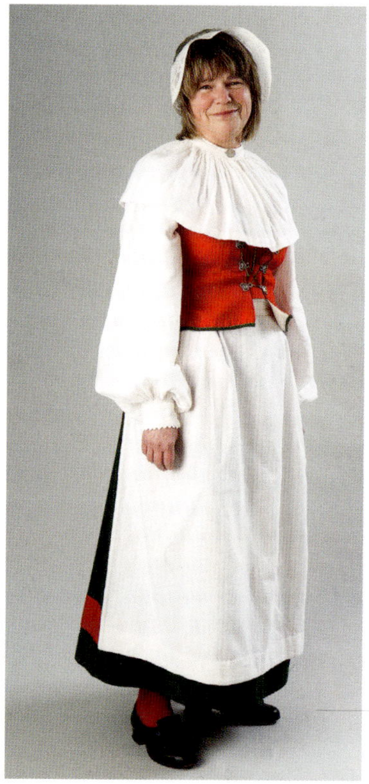

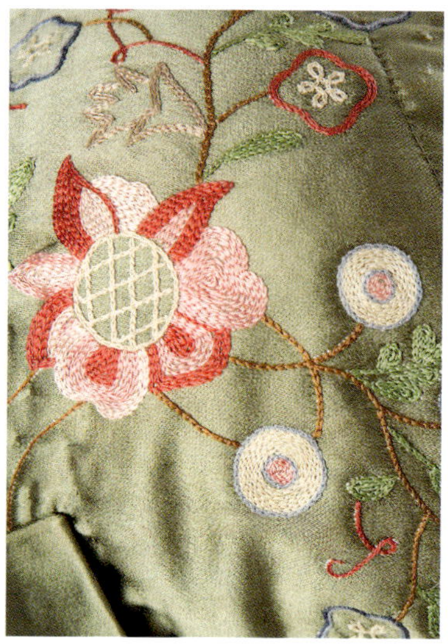

Gagnef

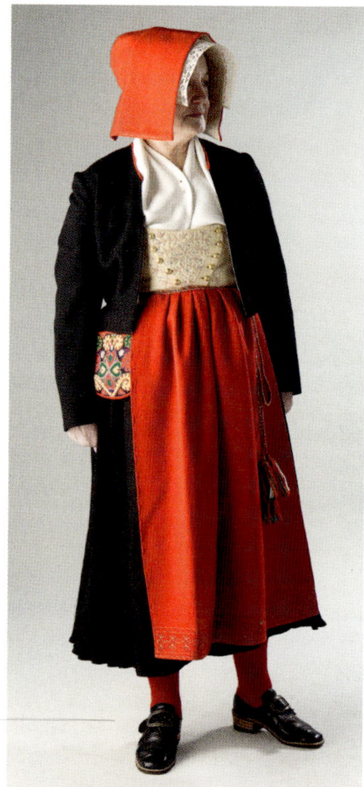

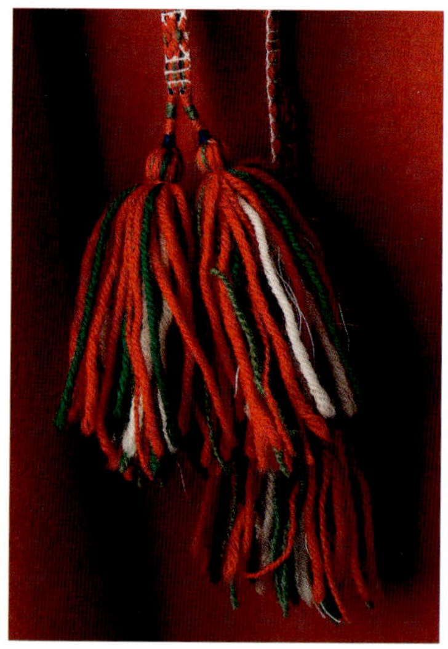

Gustafs

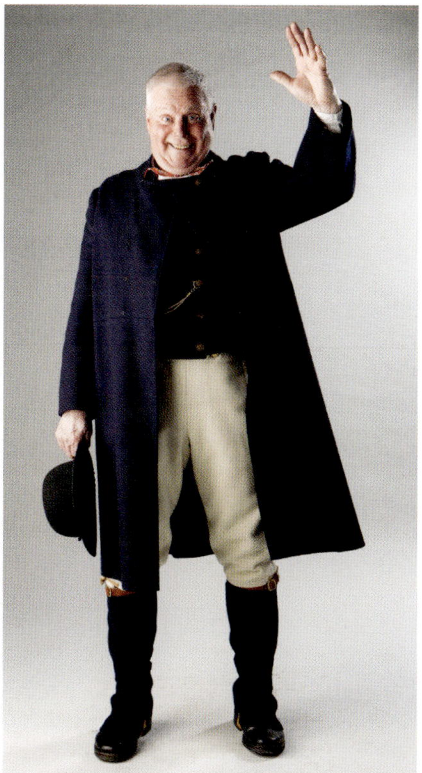

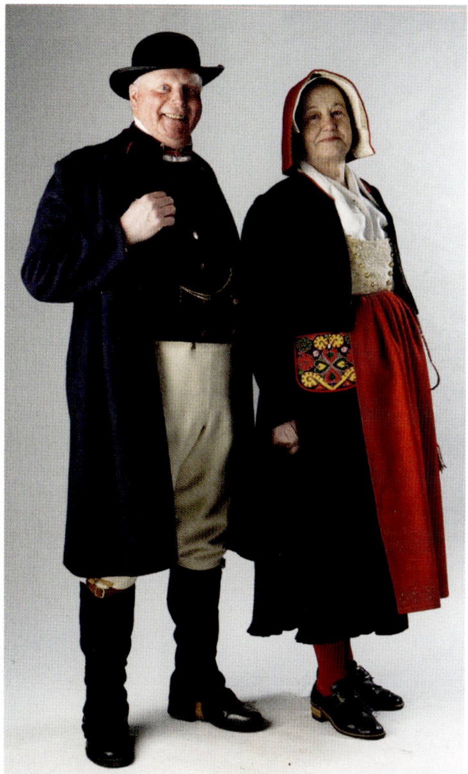

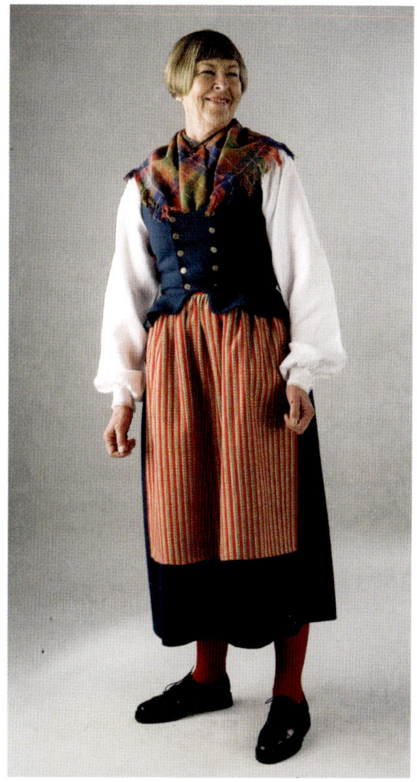

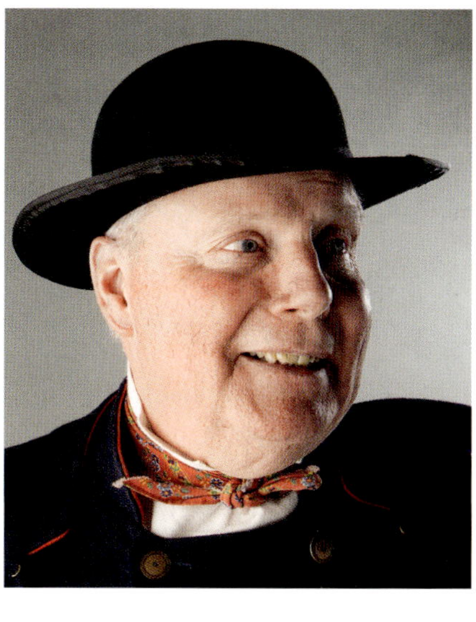

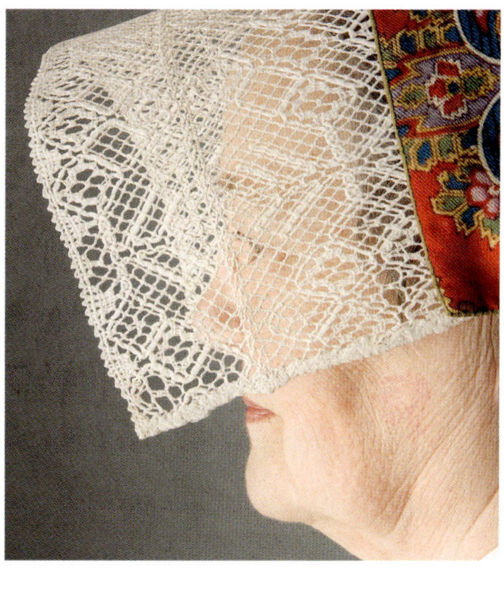

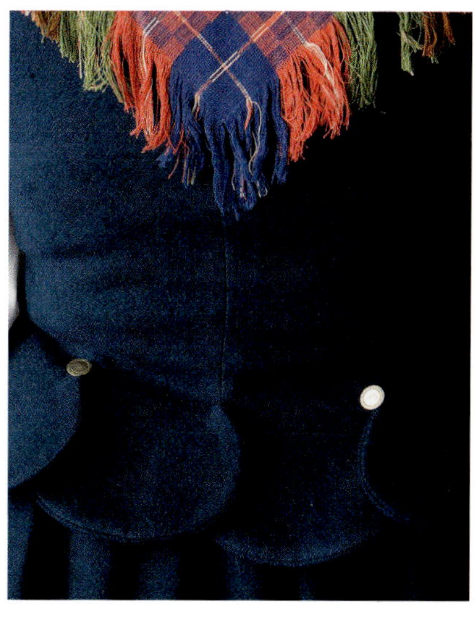

Leksand

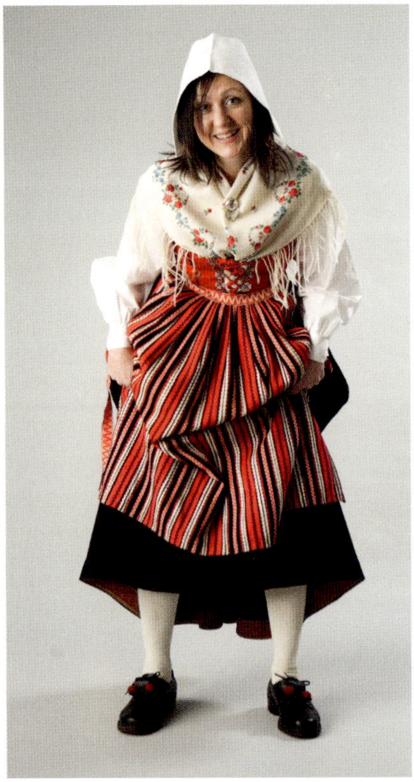

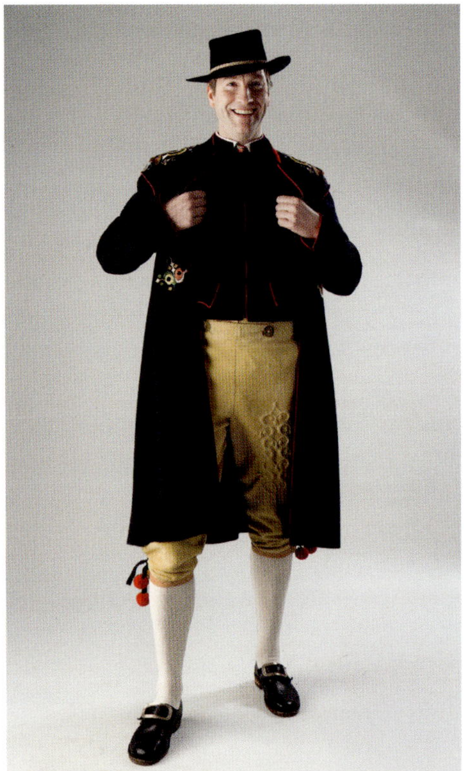

Ludvika

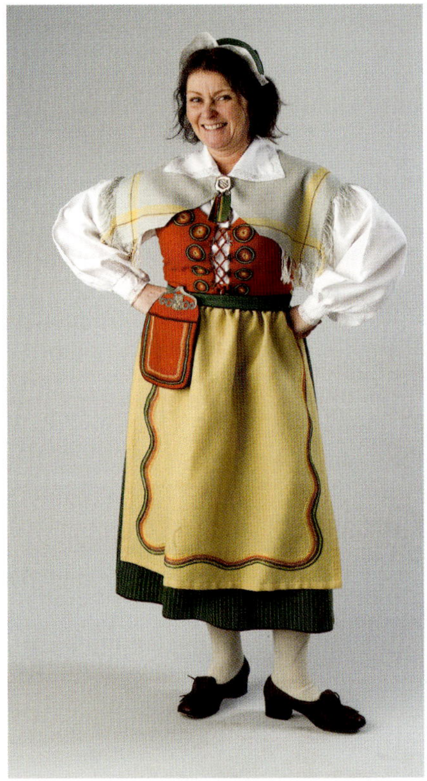

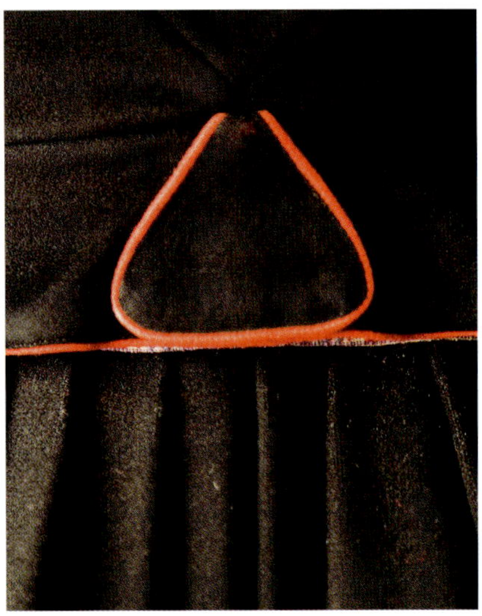

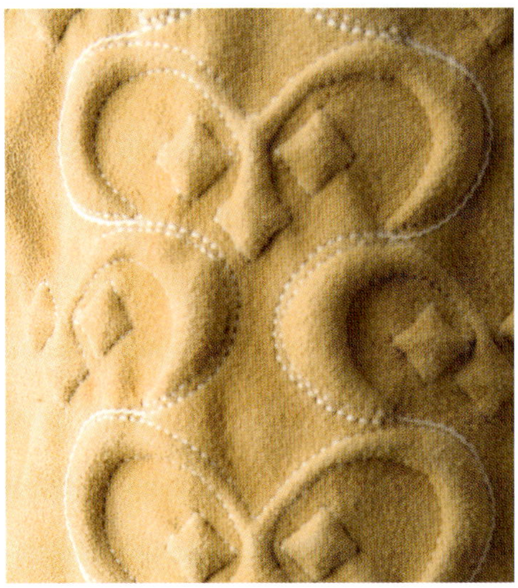

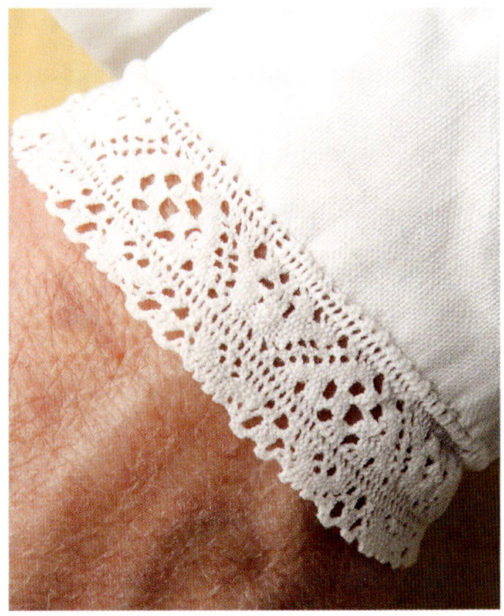

Malung

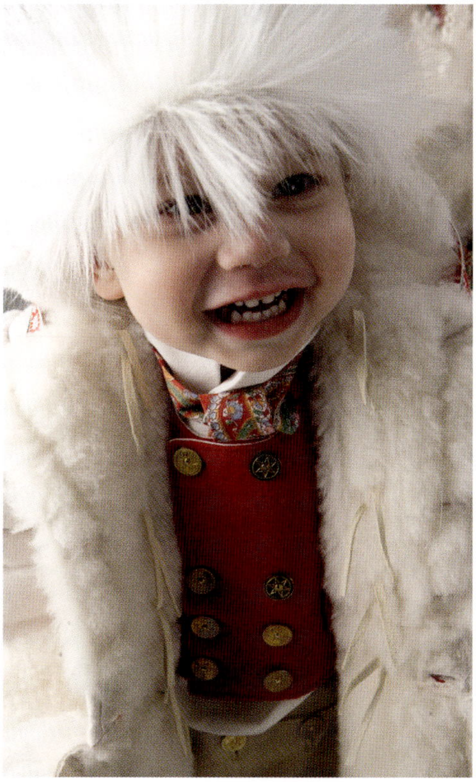
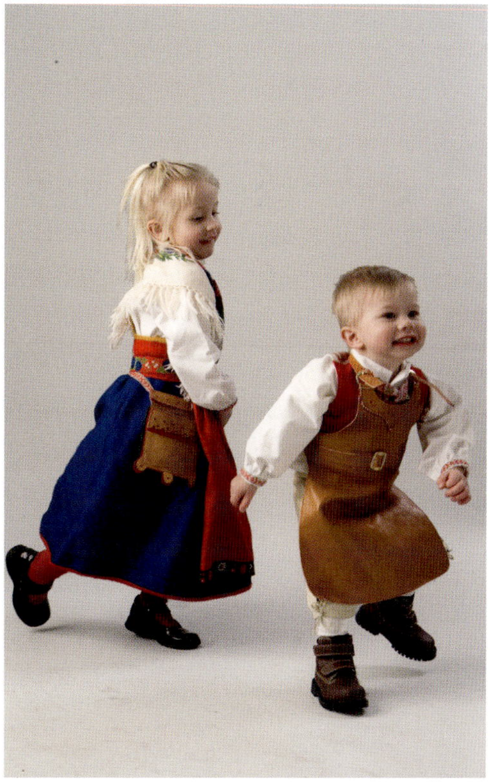
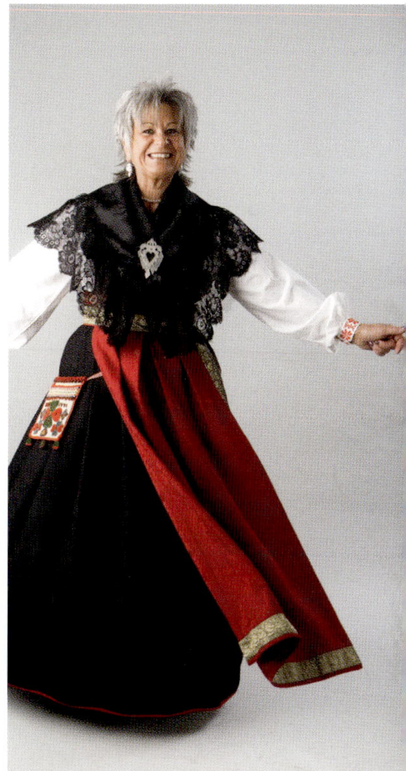
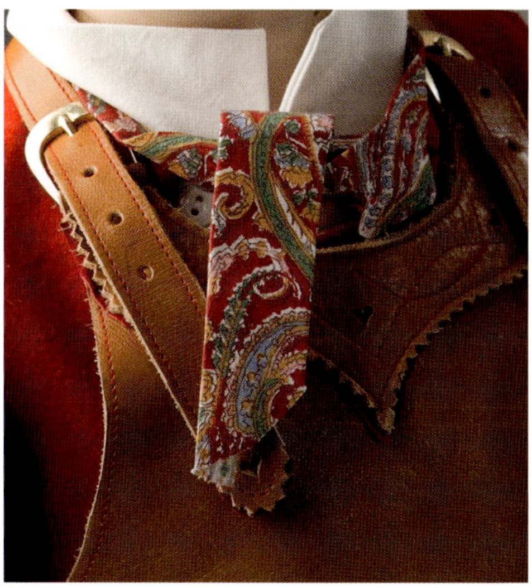
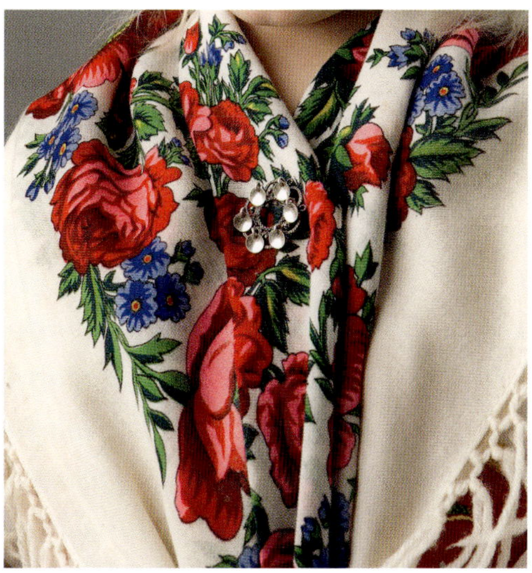
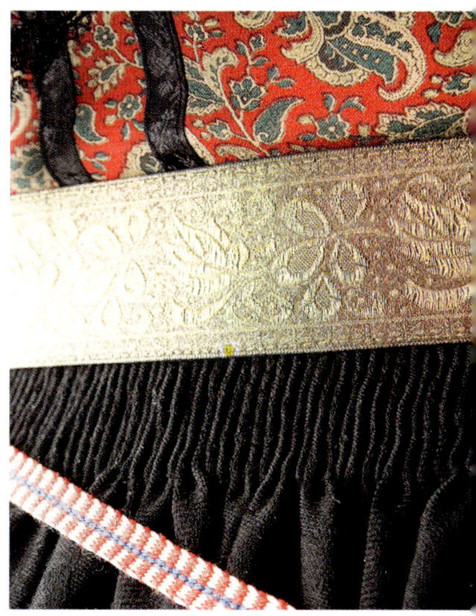

Malung

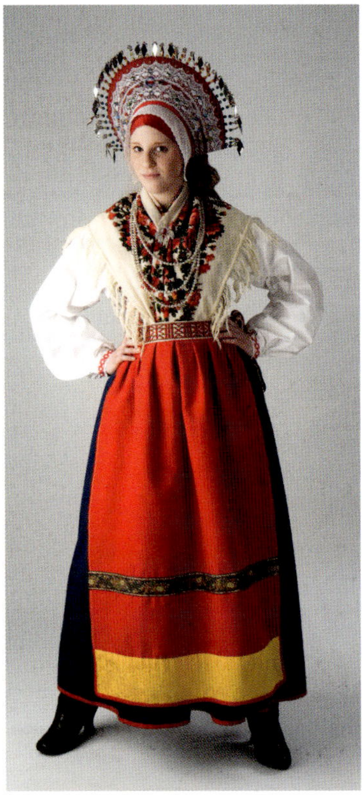

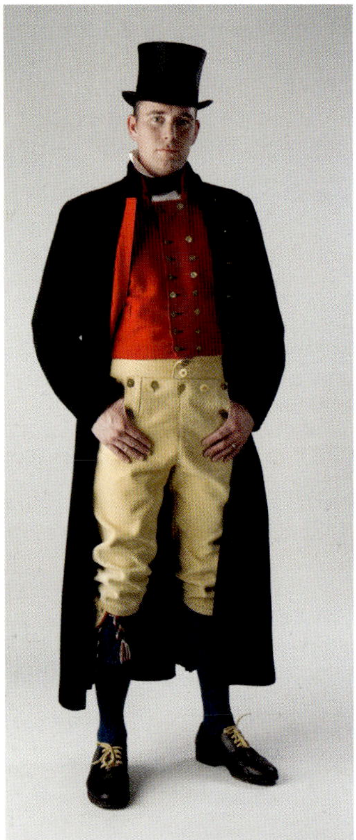

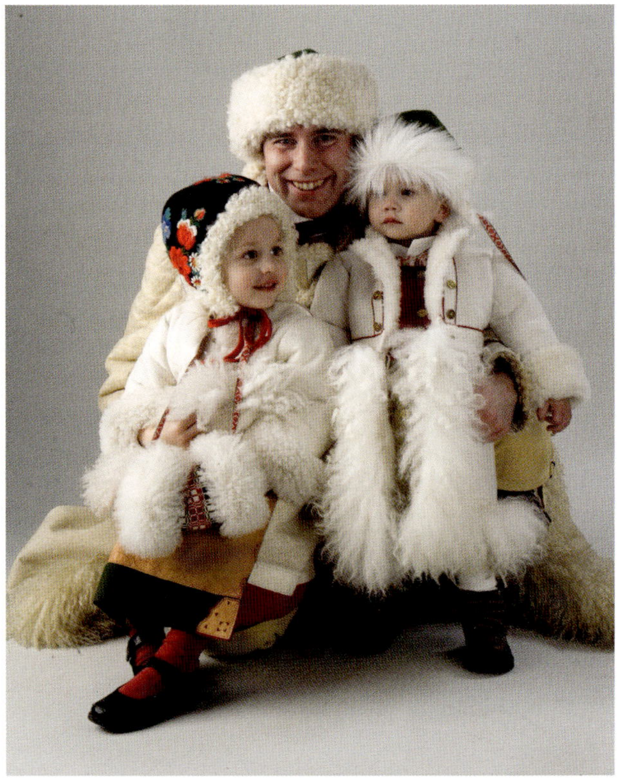

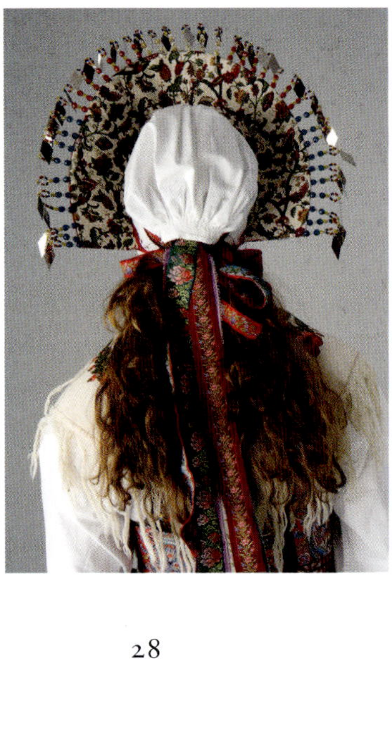

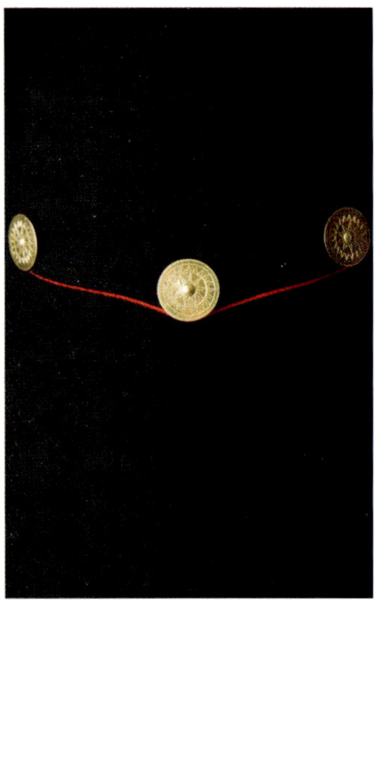

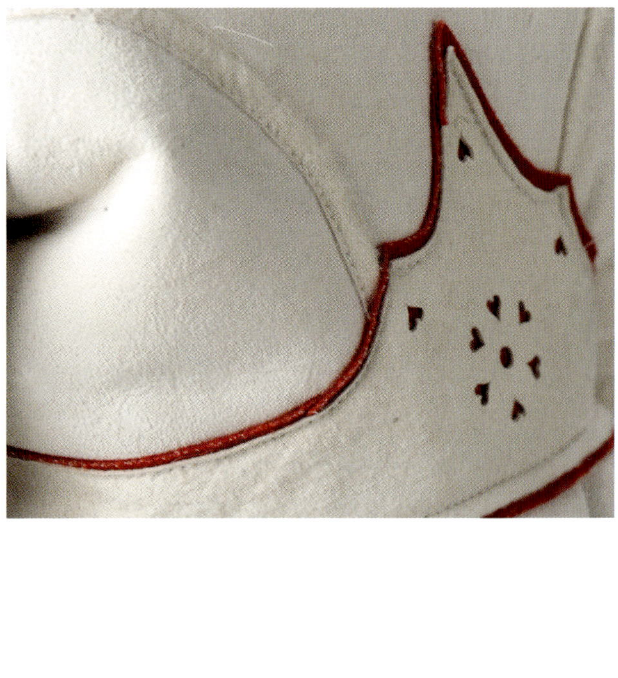

Mora

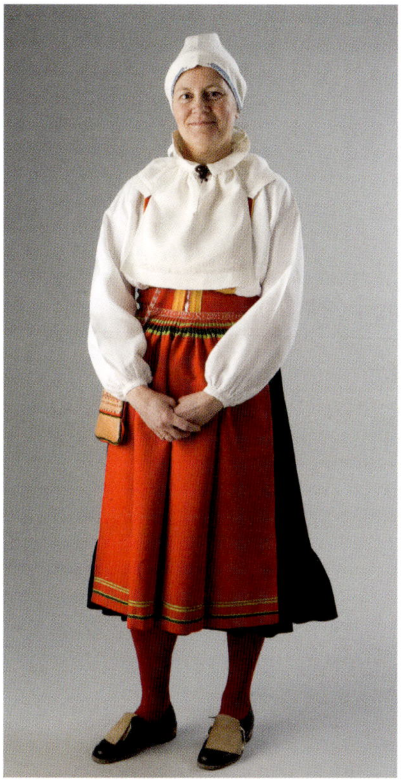

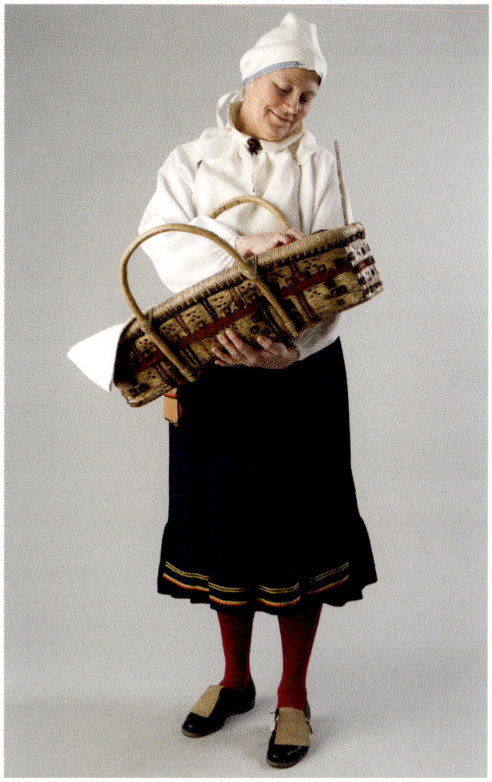

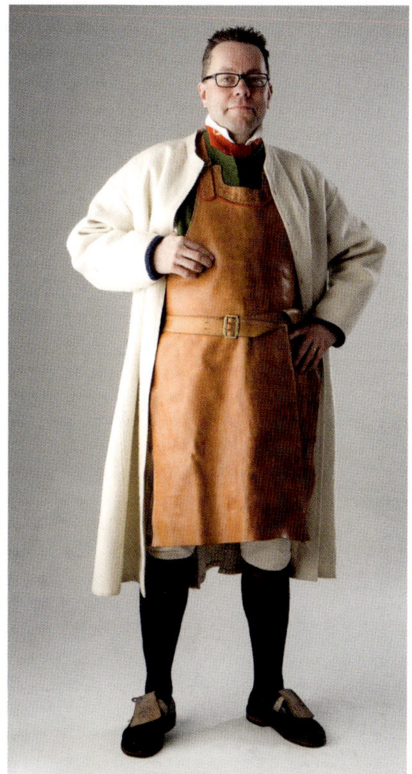

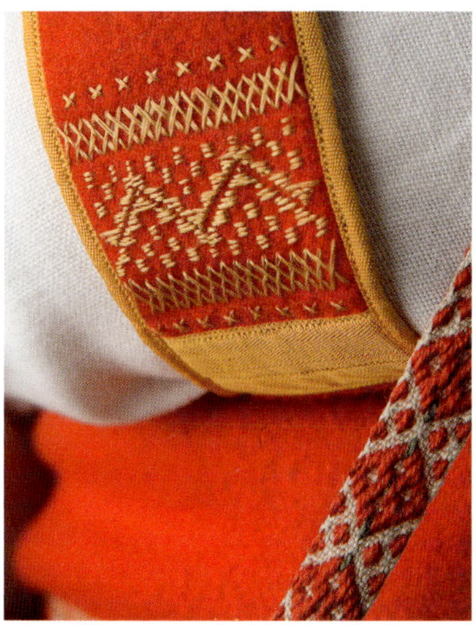

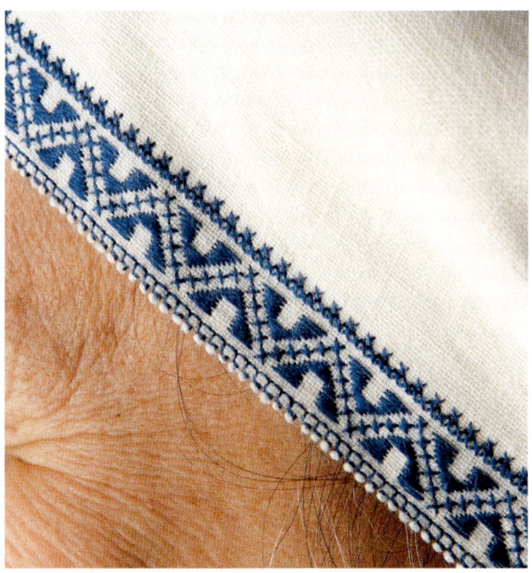

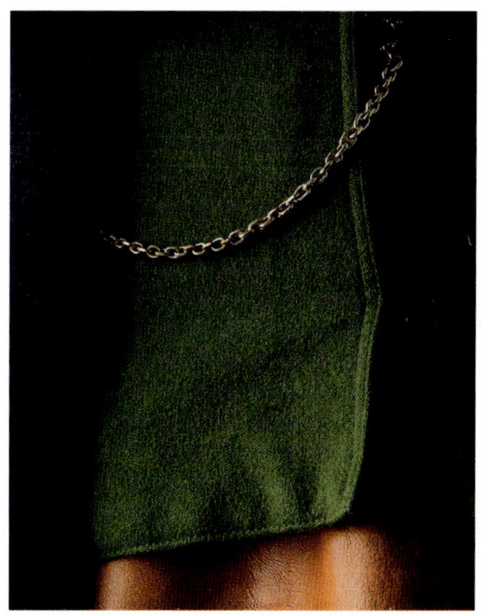

Mora

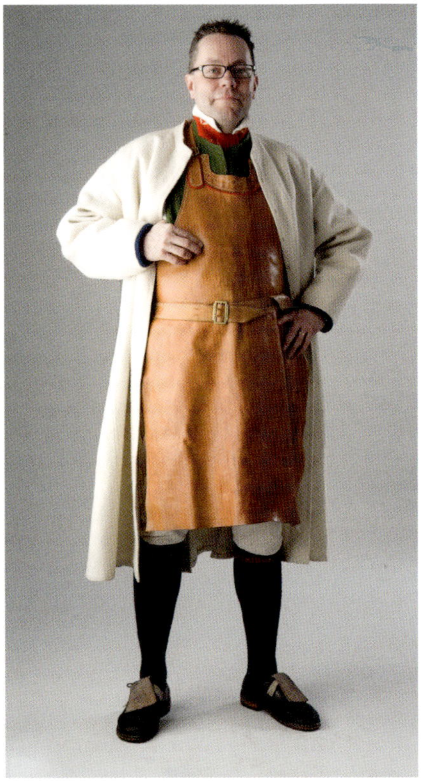

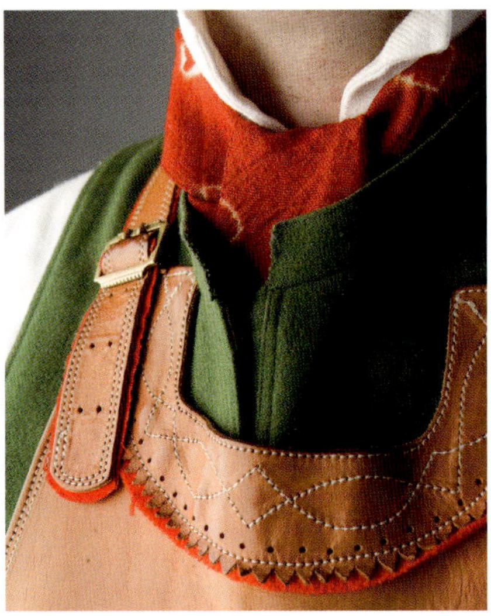

Ore

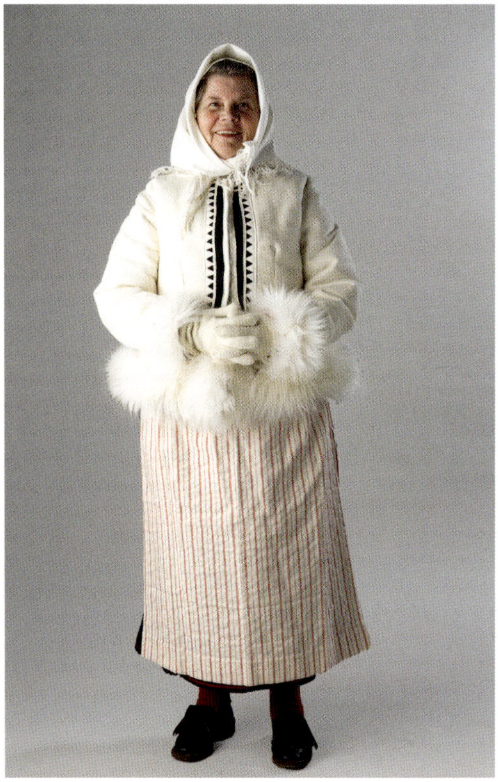

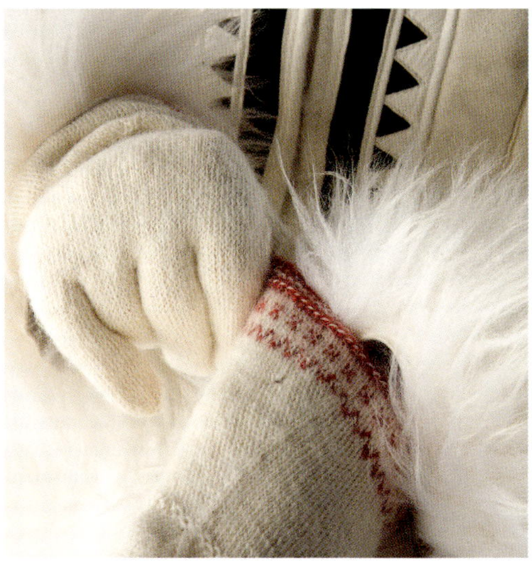

Orsa

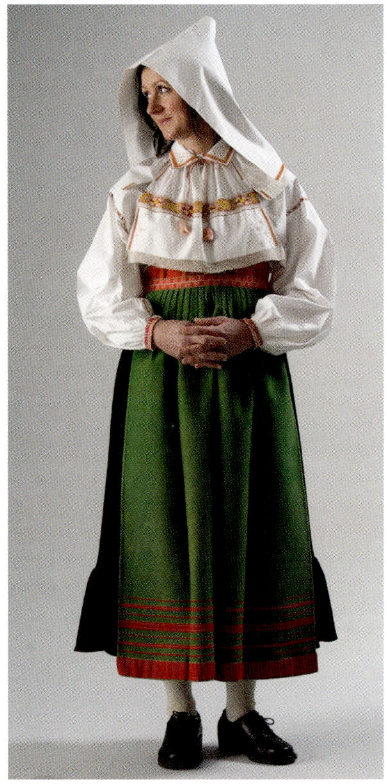

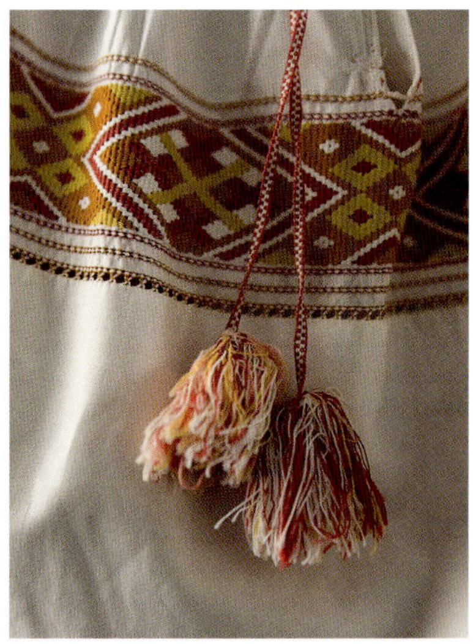

Rättvik

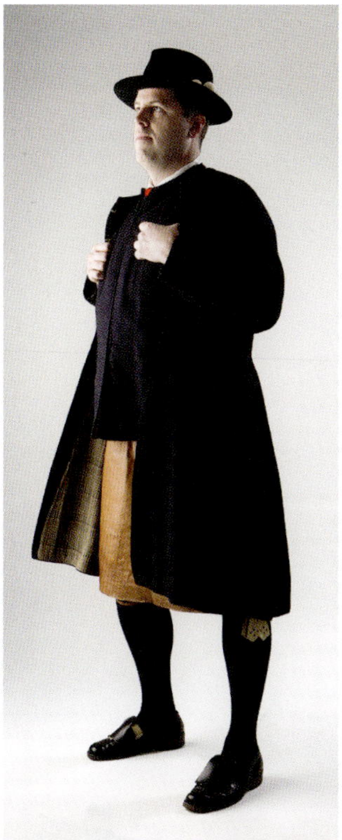

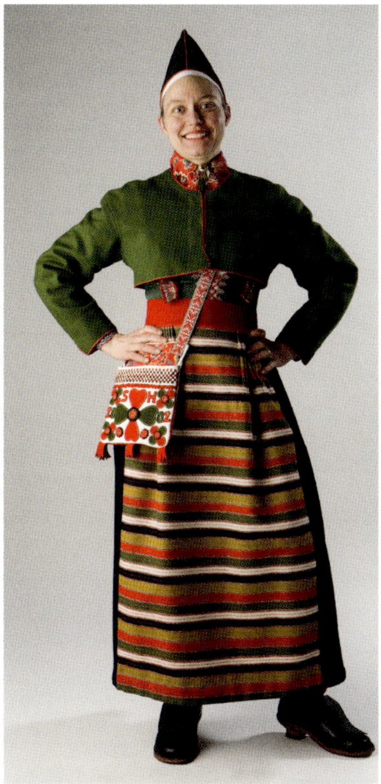

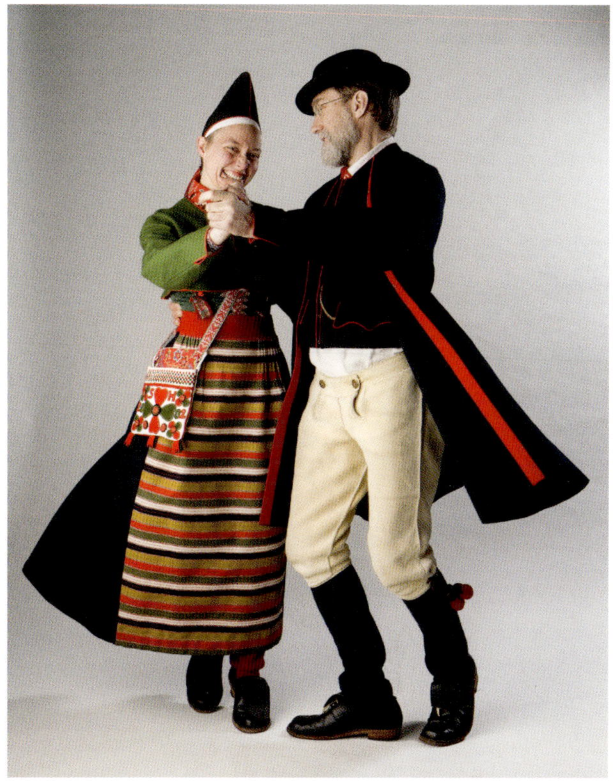

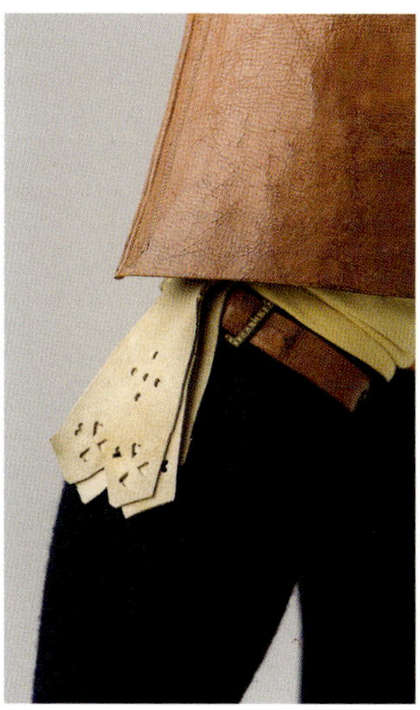

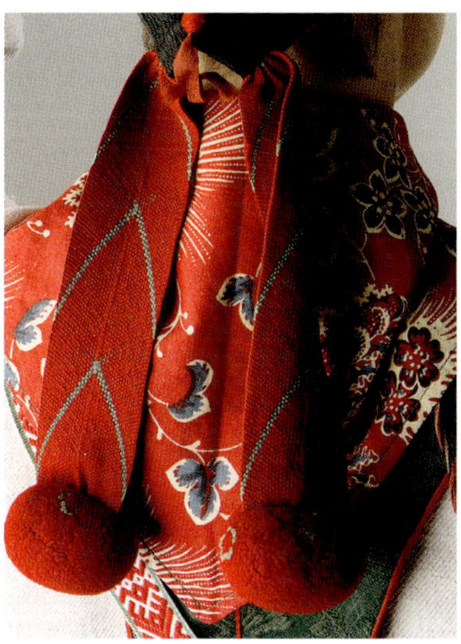

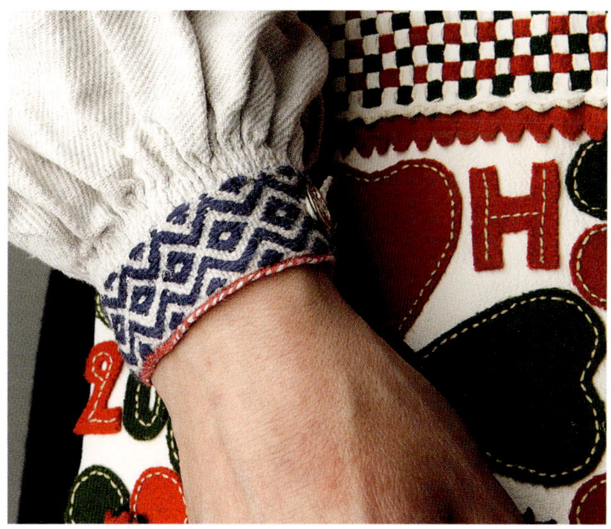

Rättvik

Stora Kopparberg

Stora Tuna

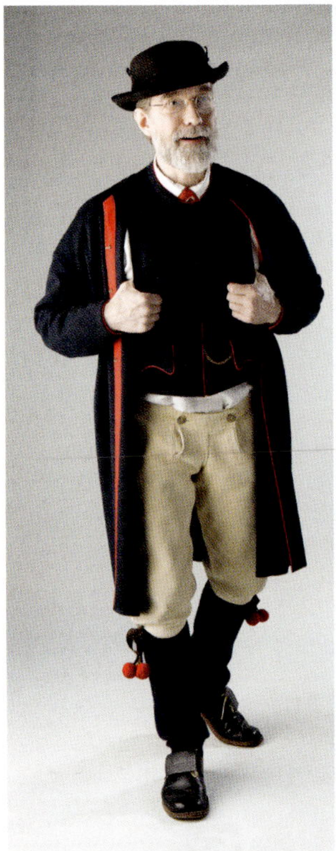

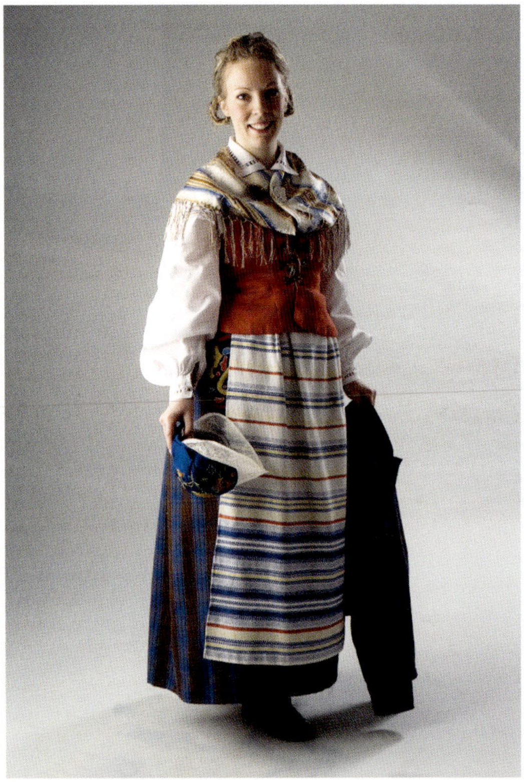

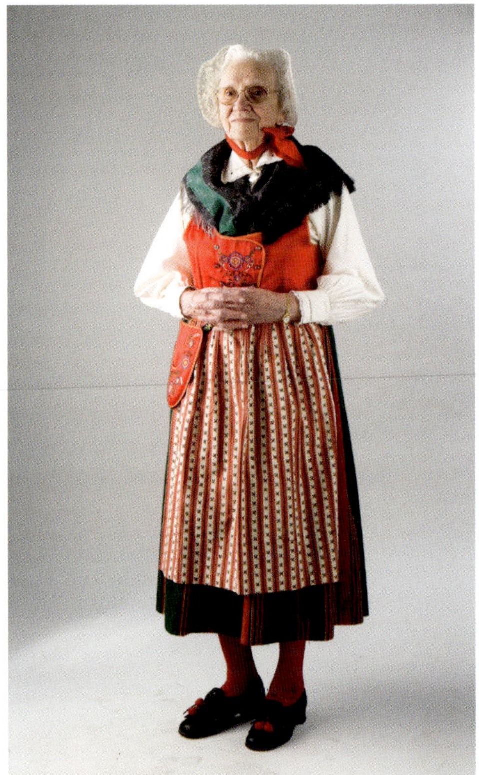

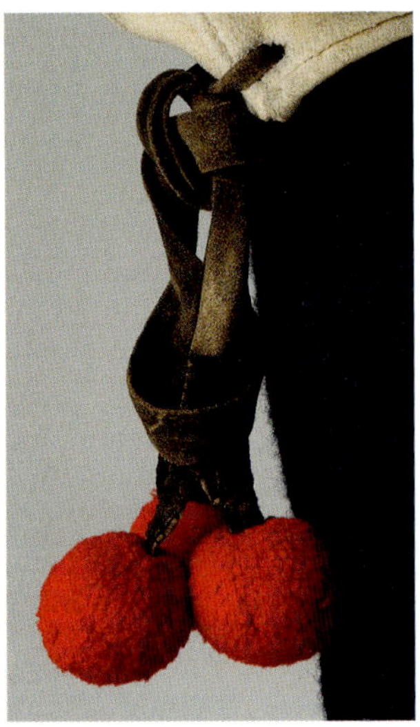

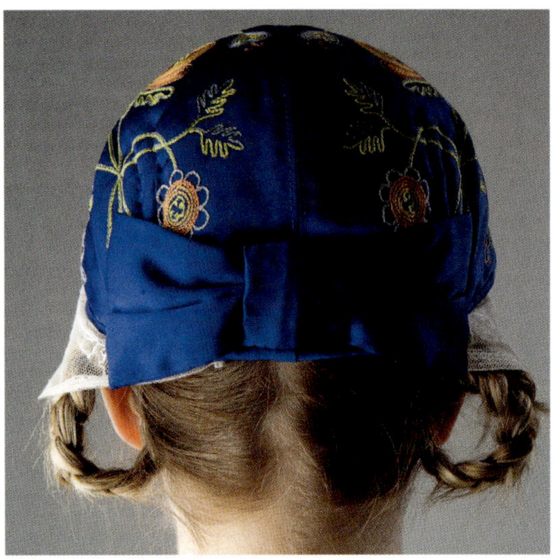

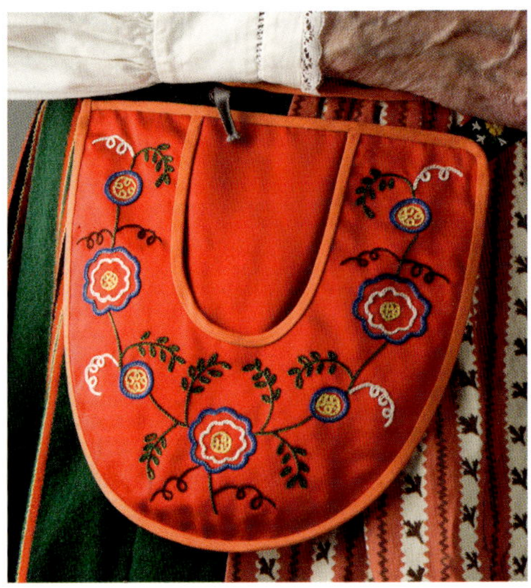

Sundborn

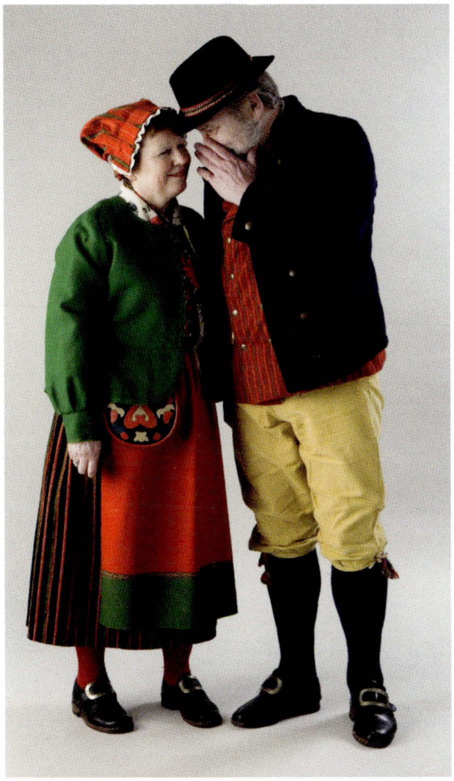

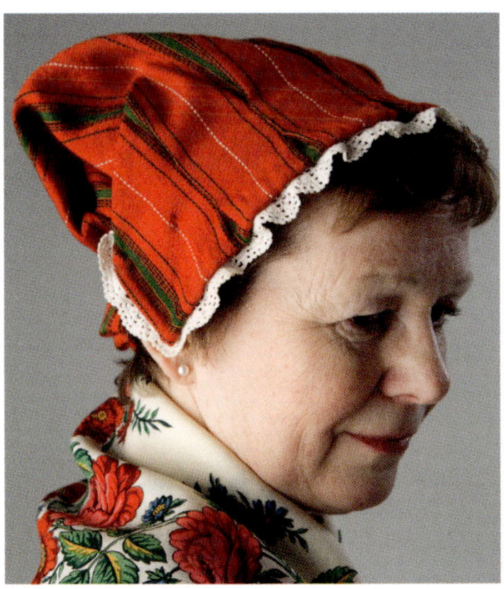

Svärdsjö

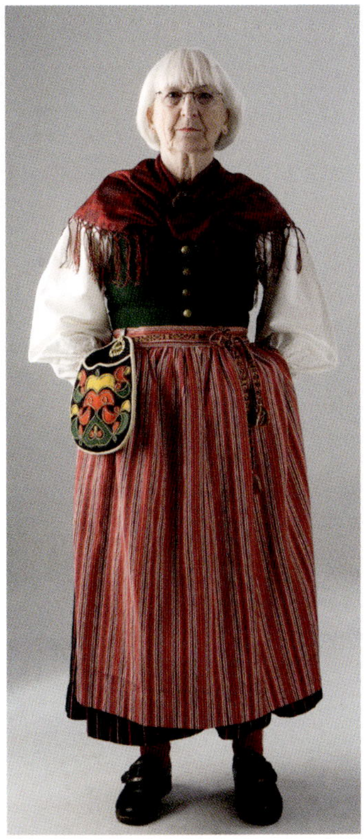

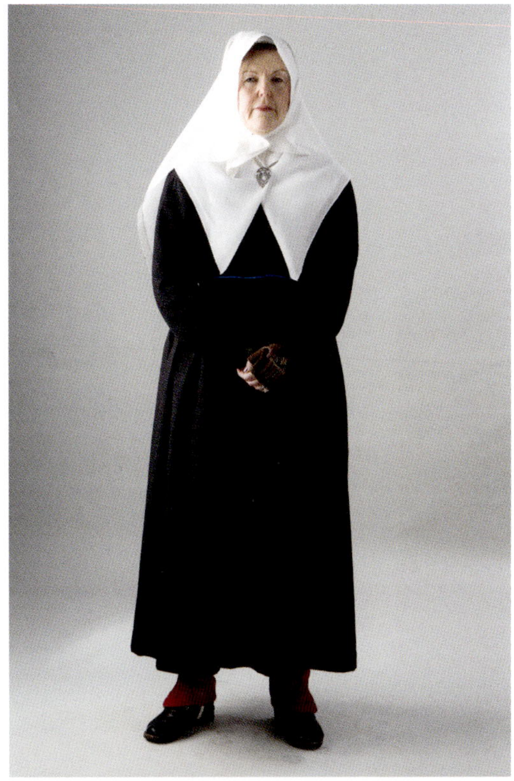

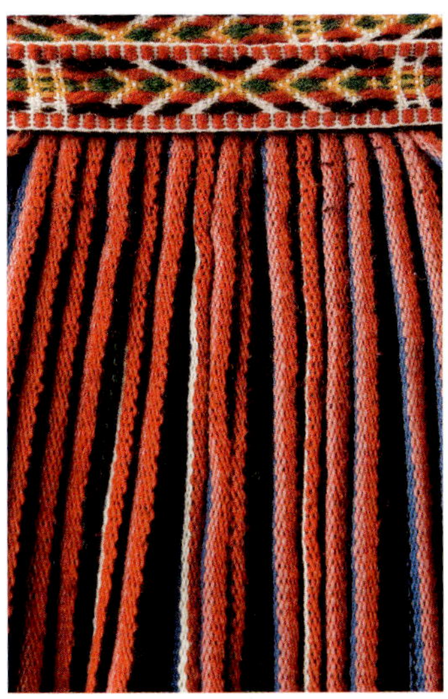

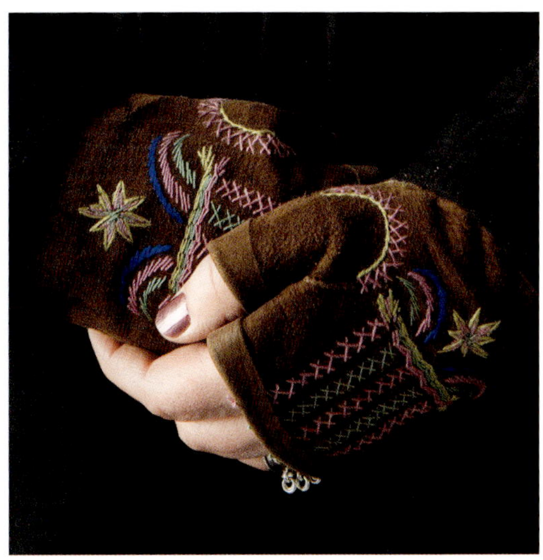

Svärdsjö

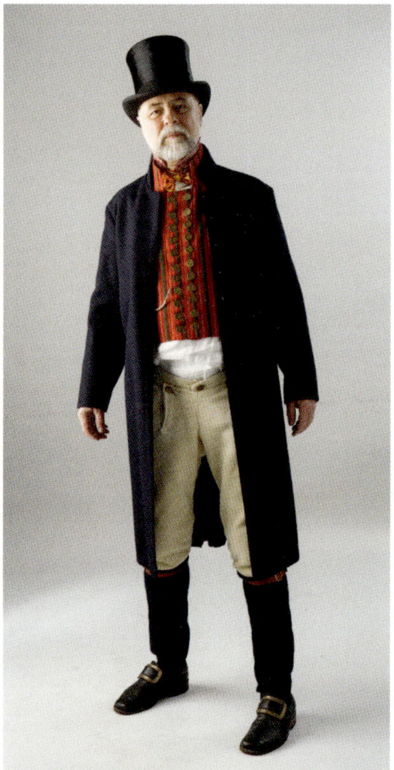

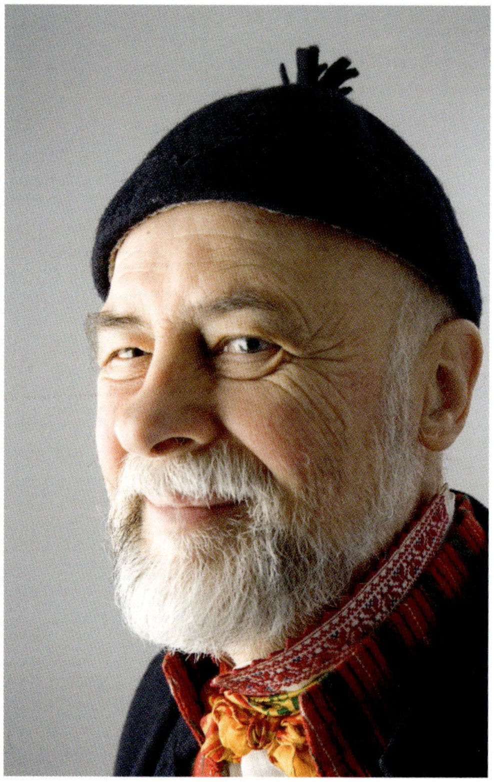

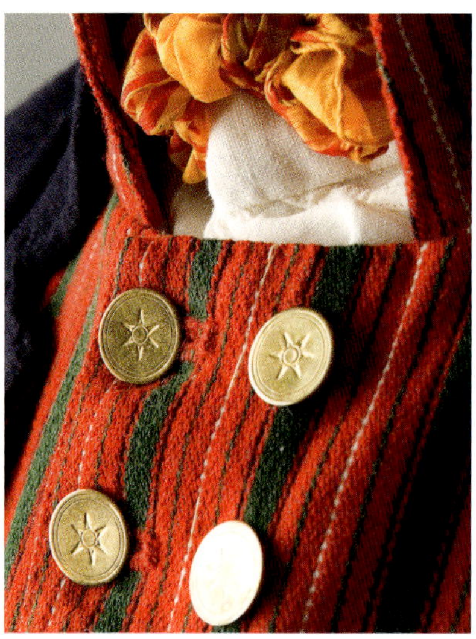

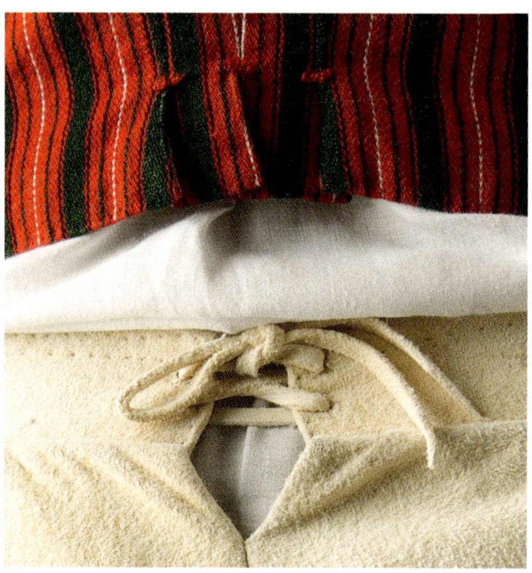

Sydsamisk dräkt

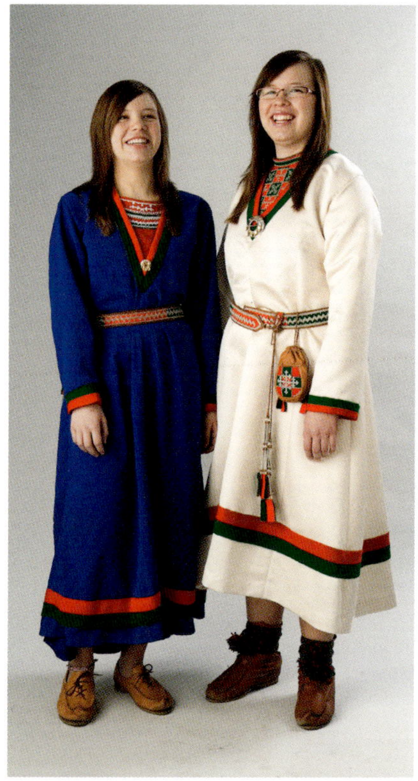

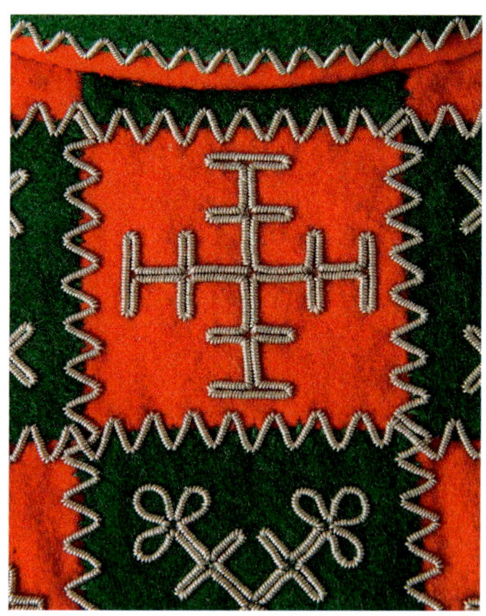

Särna

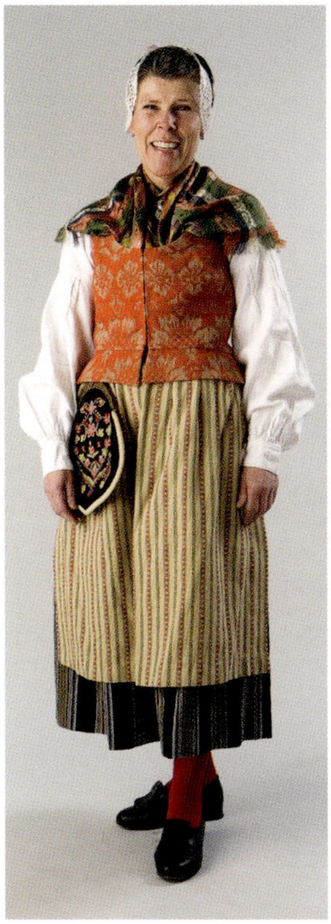

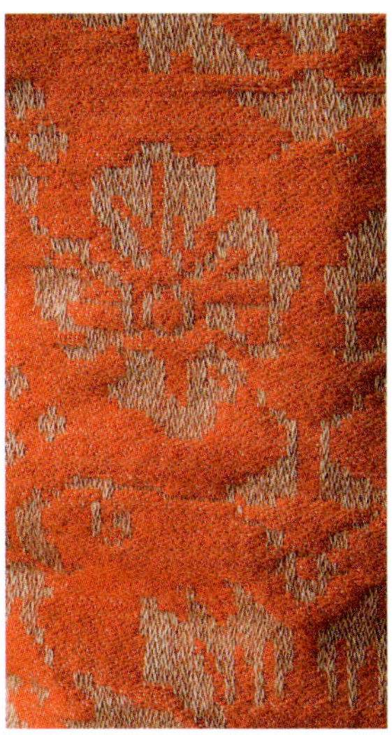

Söderbärke

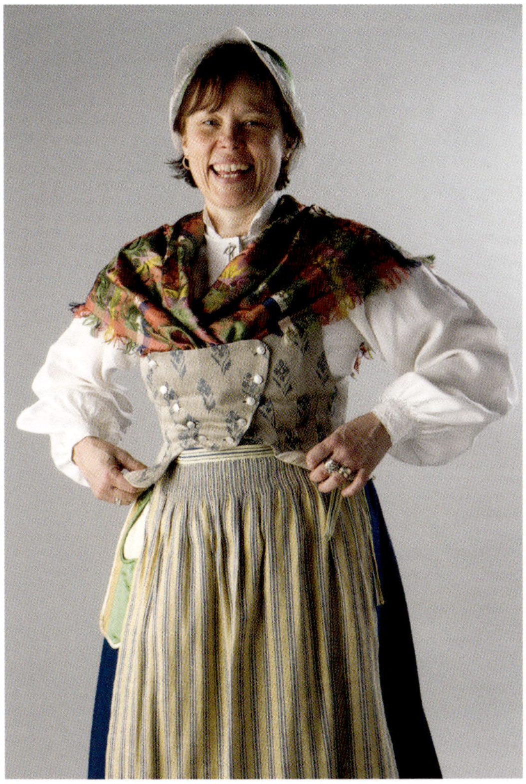

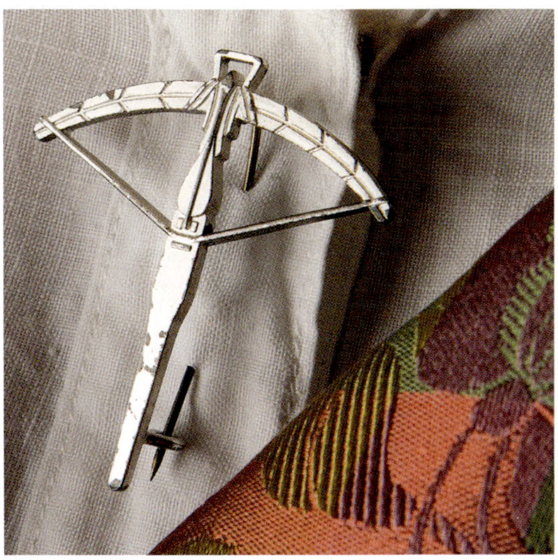

Vika

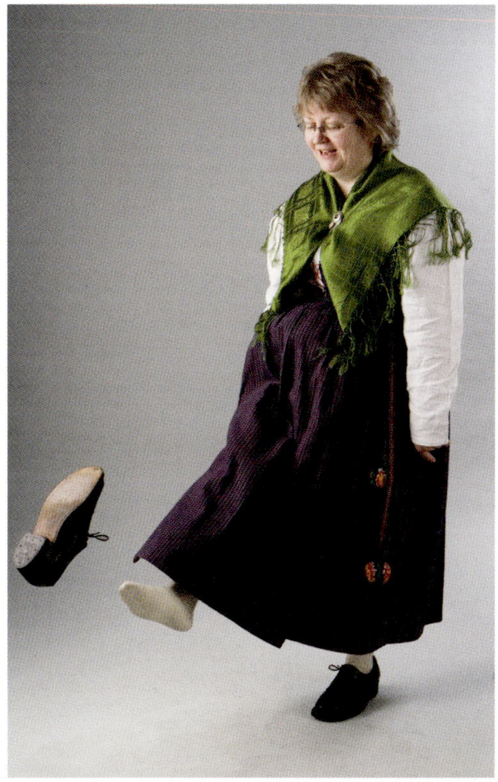

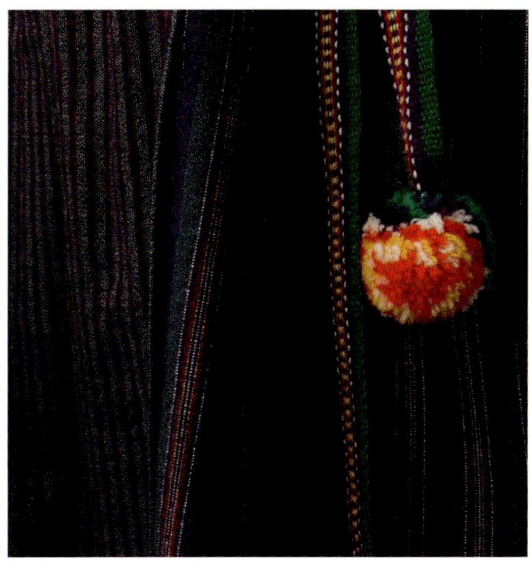

Vikmanshyttan

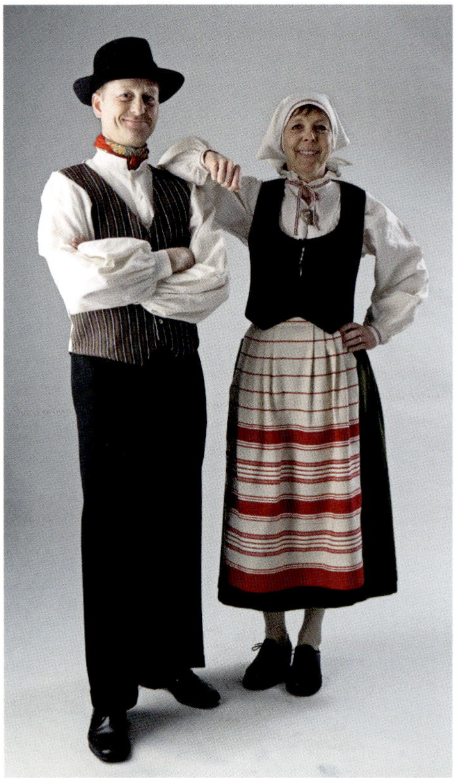

Åhl

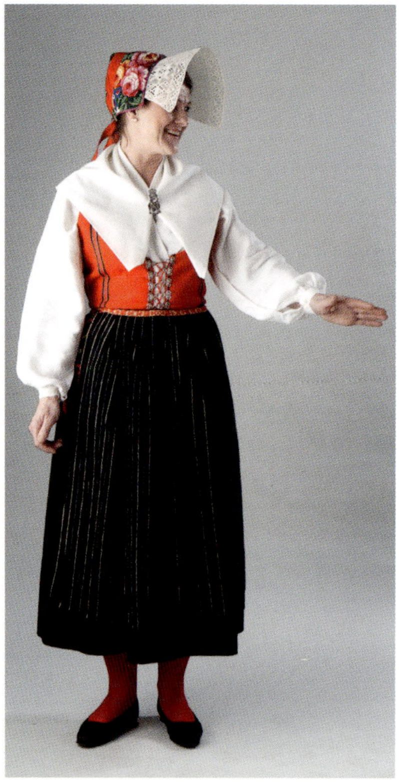

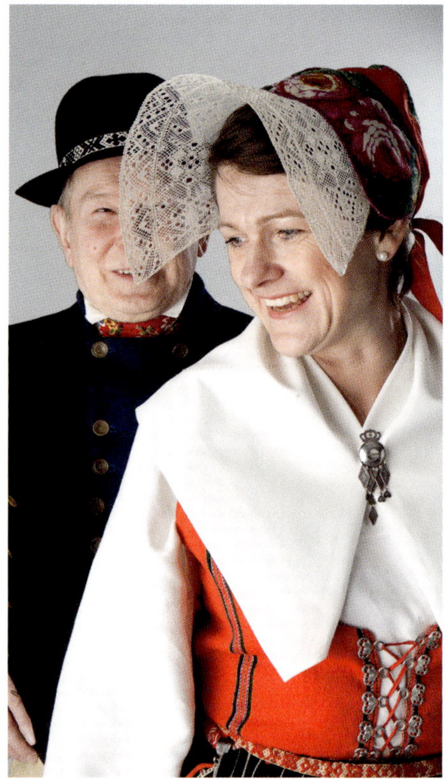

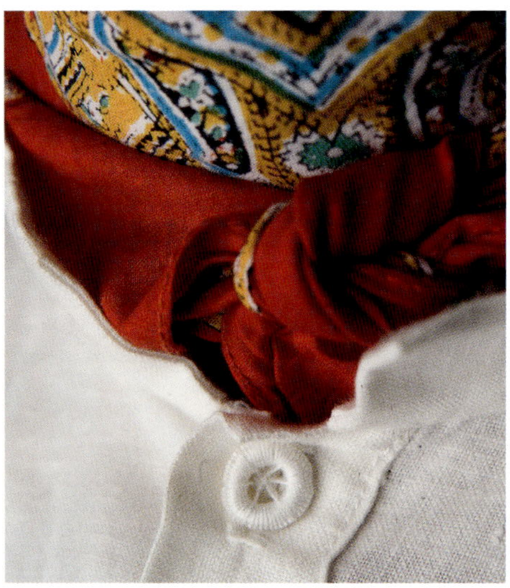

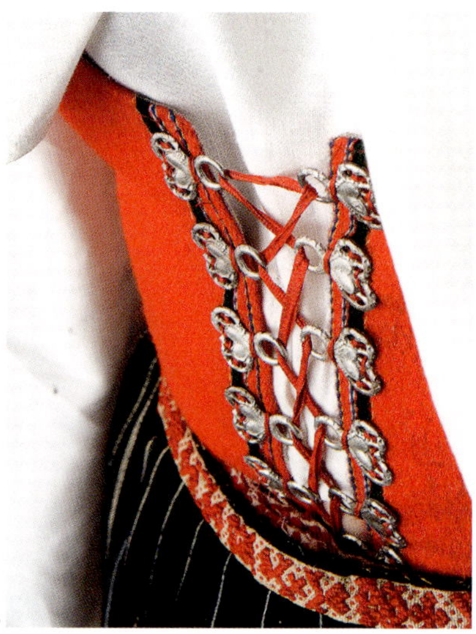

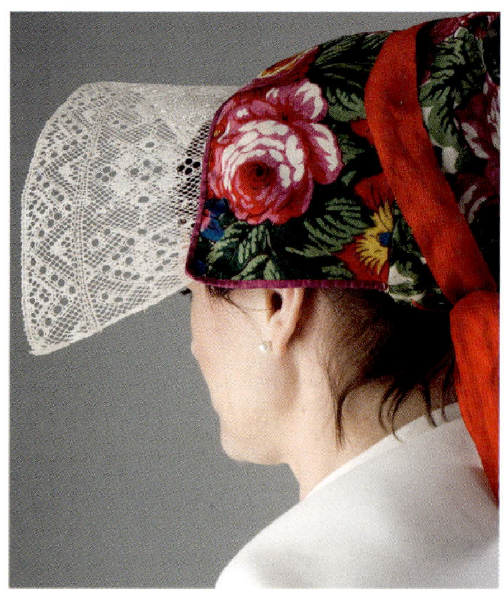

Älvdalen

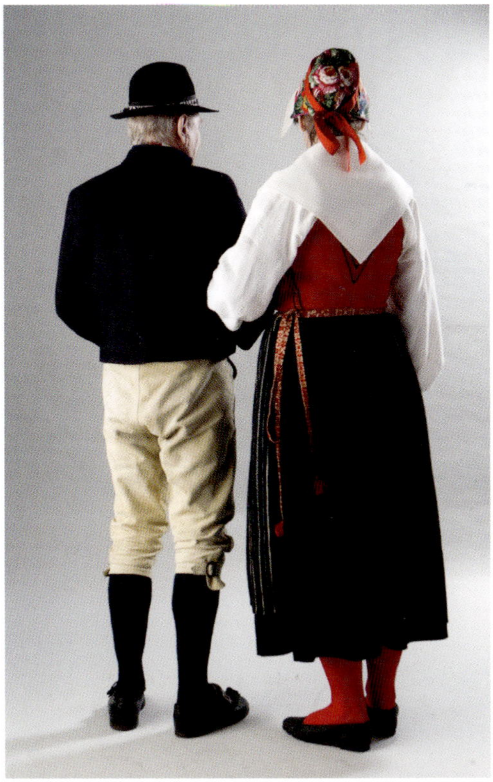

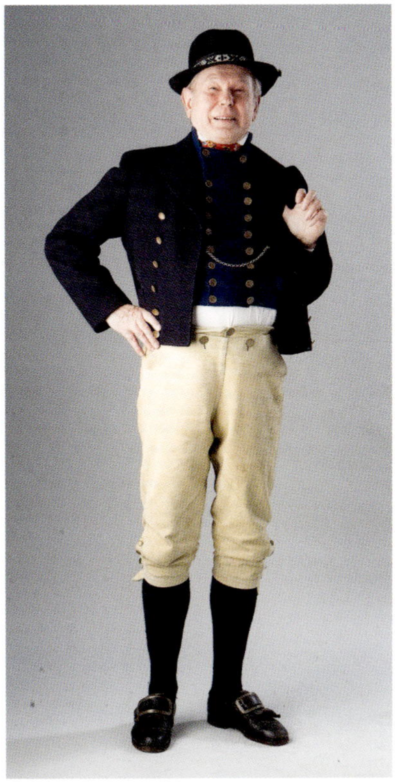

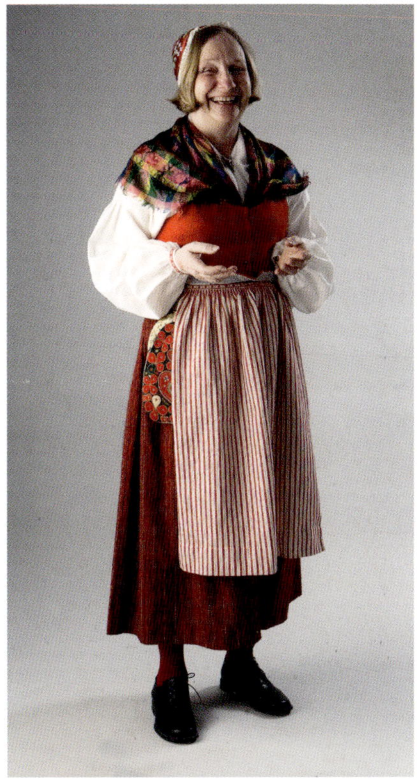

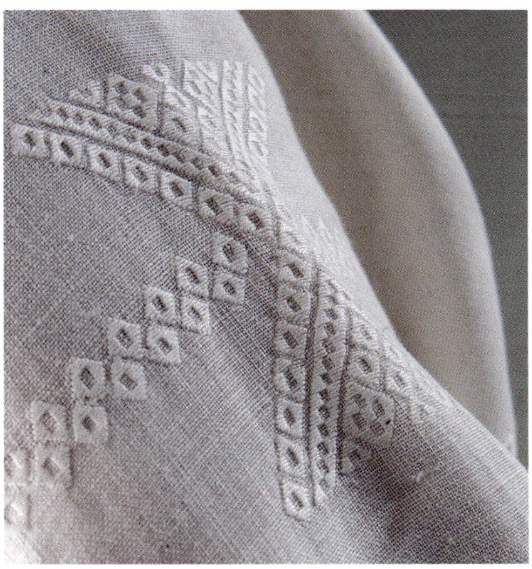

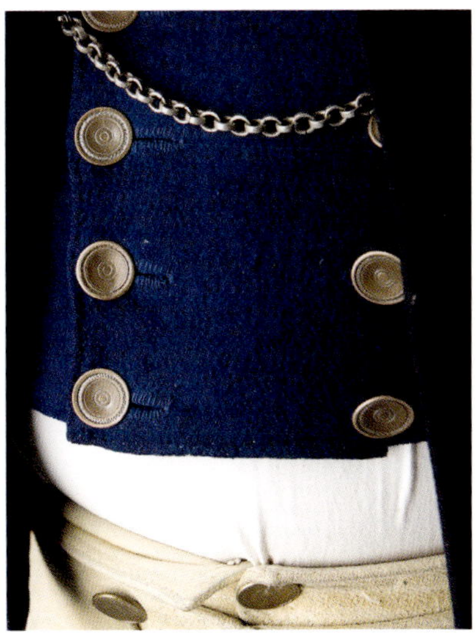

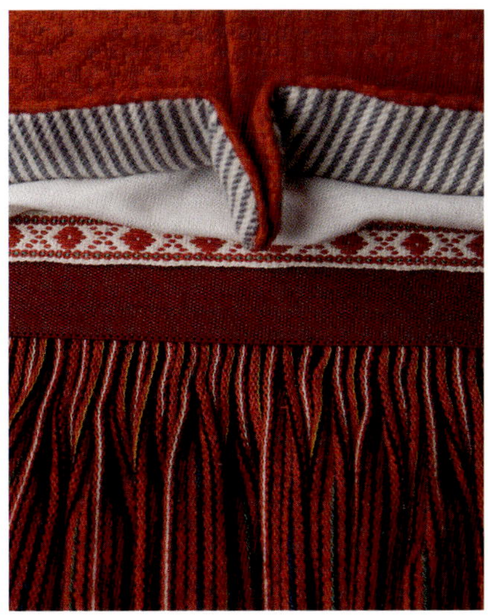

I KYRKAN

Kyrkobesök och sockenstämma, ledd av prästen, har haft stor betydelse för dräkternas utveckling. Inom varje socken i övre Dalarna bildades en tradition knuten till kyrkodagarnas rang. Modet, nya material, den sociala kontrollen och ekonomin förde traditionen vidare.

Vid hemkomsten från kyrkan bytte man genast till söndagsfina men enklare plagg.

Också de dräkter som tillkommit under 1900-talet har skapat varianter för olika tillfällen.

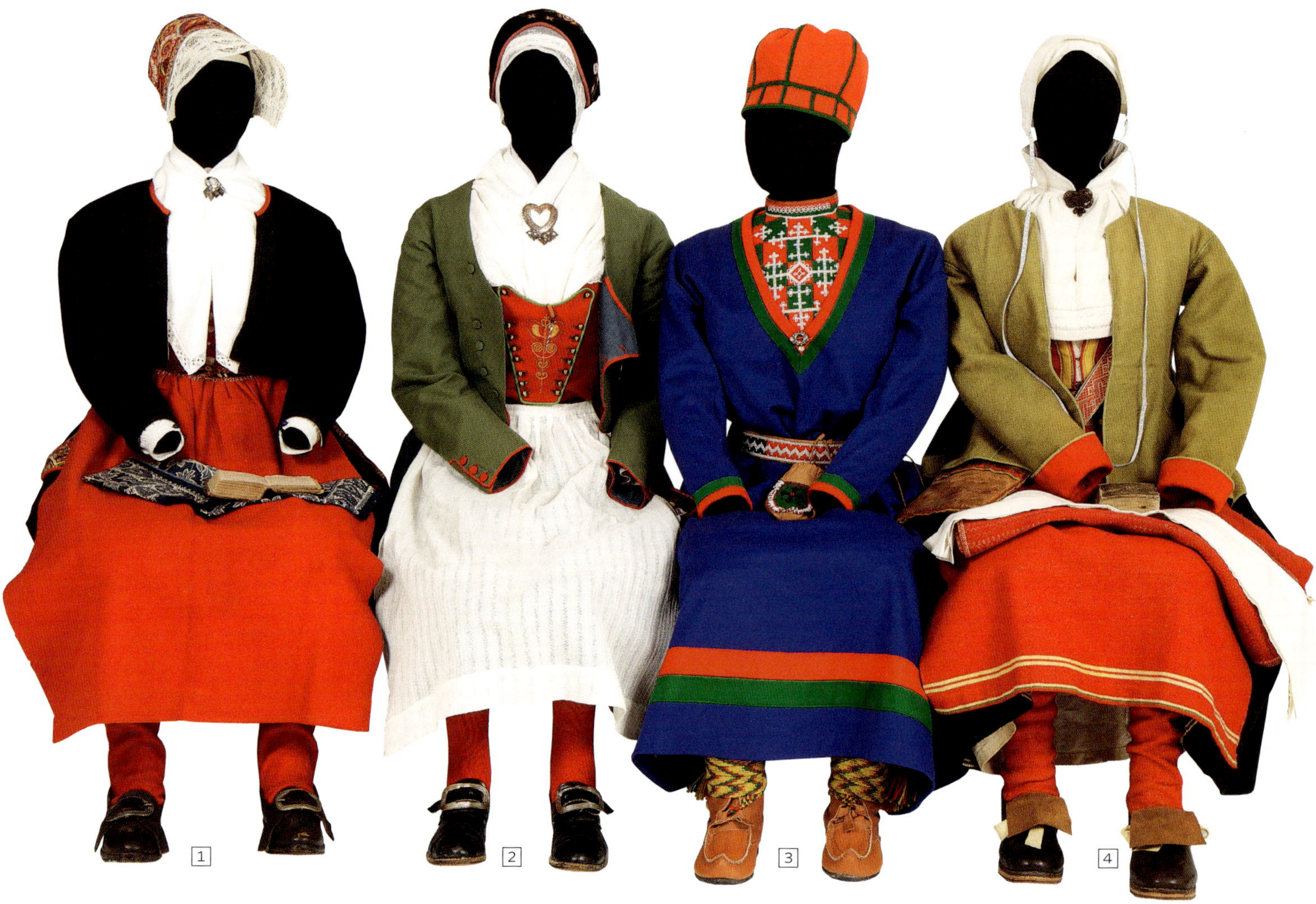

1 Gagnefskvinna i enkel högtidsdräkt

I Gagnef finns ett rikt varierat dräktskick. Medan männens sockenkläder försvann omkring sekelskiftet 1900 för att återkomma först vid 1950-talet, har kvinnodräkten aldrig helt lagts bort. Ända till 1960-talet kunde en och annan kvinna till vardags bära rynkkjol och hatt till modern blus i köpetyg och randigt bomullsförkläde.

HÅR, för kyrkobruk uppbundet med vithårbandet, därpå linnehatt med tre sammansydda spetsar och ytterst hätta i rödbottnad kattun.

HÄNGSELSÄRK vävd i bomull underst. Däröver en kort, maskinsydd överdel i halvlinne, vävd i daldräll.

KJOL, handrynkad av treskaftat ylletyg vävt på linvarp.

FÖRKLÄDE i rött ylletyg på linvarp, skott med brokig kattun, försett med mönstervävt knytband som avslutas med tofsar.

LIV i rött kläde som broderats med maskinsöm i gul och grön tråd. Snöres genom fem par tennmaljor.

HALSKLÄDE i linne med knypplad spets, ihopfäst med silversölja.

KJOLVÄSKA, märkt KOD, med applikationer av rött och grönt ylletyg på mörkblå klädesbotten. Den har mönstervävt band med tofs i ena änden. Baksida av brunt sämskskinn.

SVARTTRÖJA i kläde kantad med rött ylleband i halsringningen. Fodrad med tyg i halvlinne. Röda yllestrumpor i tvåändssticknïng och läderskor med näversulor, slejfar, pressade dekorer och järnspännen.

PSALMBOK som vilar på ett tryckt bokkläde i bomull av en typ som varit mycket vanlig i flera socknar.

Detalj av mössa från Hedemora klädd med sidentyg, broderat med silkesgarn. Hårda bindmössor har förekommit i hela Bergslagsområdet och i Älvdalen.

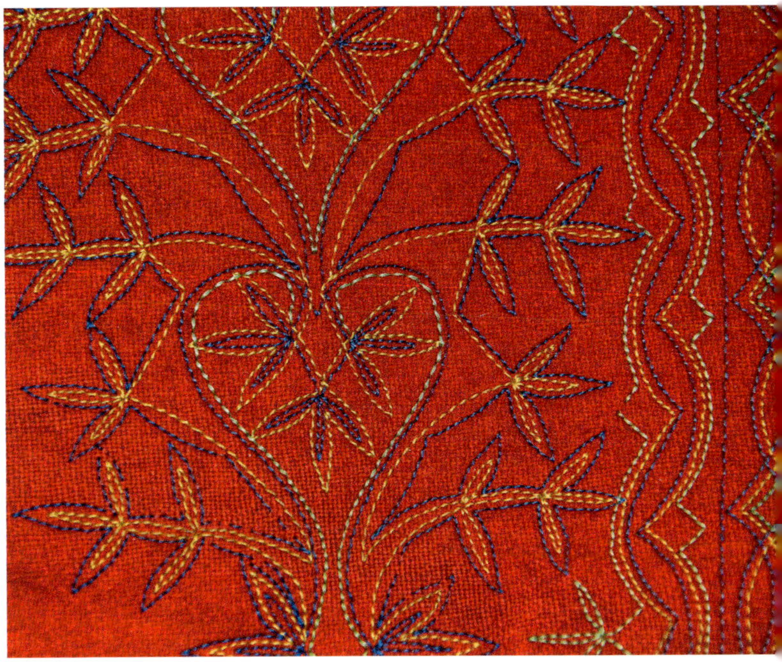

Skickligt utförda maskinbroderier utmärker många av kläderna i gagnefsdräkten.

2 Hedemorakvinna i högtidsdräkt

Den kvinnliga och den manliga hedemoradräkten var de första dräkterna som rekonstruerades. Året var 1905 och de skulle vara färdiga till det stora ungdomsmötet i Hedemora samma år.

HÅR samlat i huvudbonaden med hjälp av ett strykband, prytt med hålsömsbroderi. Däröver ligger stycket, broderat på tyll samt bindmössa av sammet med tambursömsbroderier.

ÖVERDEL i vitt, tuskaftat linne. Broderade ärmlinningar.

KJOL sydd i blått ylletyg.

FÖRKLÄDE i halvlinne, vävt i stramalj.

LIV med broderier i gult på röd klädesbotten. Det är kantat med gröna band och har en bröstlapp som knäpps med 13 kulformade knappar av mässing. Det livstycke som stått modell till detta liv uppges ha burits vid bröllop och stora högtider.

HALSKLÄDE i tunt bomullstyg, broderat i tambursöm ihopfäst med brosch av silver.

KJOLSÄCK, kjolväska, i samma material och tillverkning som bindmössan. Den knyts med bruna bomullsband.

TRÖJA av grönt, tuskaftat ylletyg, knäpps med klädda, broderade knappar.

STRUMPOR, röda maskinstickade.

SKORNA med spännen och silverbroschen ägs av Södra Dalarnas Hemslöjdsförening.

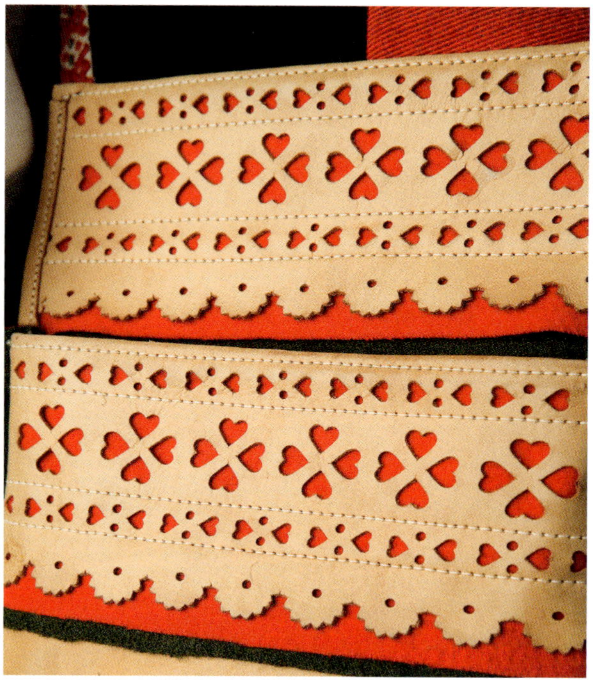

Morakvinnans kjolsäck, lidukuppan, är tillverkad av kalvskinn med utstansade mönster. I vardagslag, vid vallningsarbeten bar kvinnorna enklare, så kallade sletjekuppor som innehöll mjöl och salt till kreaturen.

3 Sydsamisk kvinna

Sveriges sydligaste samer är bosatta i Idre. Till högtidliga tillfällen bärs den sydsamiska dräkten av både kvinnor, män och barn. Till skillnad från sockendräkterna följer den samiska inte socken- eller riksgränser utan sträcker sig över större områden. Nordgränsen för den sydsamiska dräkten anses gå vid Gällivare. Utseende och material i samedräkten varierar över område och tid men kolten är karaktäristisk för båda könen. Denna dräkt är tillverkad av sydsamiska kvinnor år 2008. Allt är handsytt med undantag av kolten och de flätade skobanden.

I den samiska dräkten förekommer inte hemvävda tyger eftersom det nomadiserande livet inte har tillåtit stora vävredskap, utan tygerna har skaffats vid marknads- och stadsbesök. Andra hantverk som tenntrådsdragning och -broderier, pärlbroderier och skinnberedning ingår ännu i samernas hantverkstradition.

KILMÖSSA av rött och grönt kläde.

KOLT sydd i engelskt kläde med garneringar i grönt och rött. När kvinnan gifter sig byter kjolens garneringsband plats så att den röda sys överst.

BARMKLÄDE med pärlbroderier på en botten av rött och grönt kläde. Detta barmkläde, som var mera allmänt tidigare, har allt oftare fått lämna plats för ett med ett halvmåneformat broderi.

BÄLTE sytt av renskinn och grönt och rött kläde. På detta har broderats handdragen tenntråd (se dragdon i en av Studerkammarens lådor samt sid. 14).

PUNG, pärlbroderad, av renskinn och kläde.

SKOBAND, flätade av rött, grönt och gult ullgarn. Deras uppgift är att låta skoskaften sluta tätt mot benet.

SKOR, handsydda av garvat renskinn.

4 Morakvinna

Mora har, vid sidan av Älvdalen, den äldsta dräkt vi känner till i landskapet. Av en serie akvarellerade folkdräktsplanscher från 1600-talets slut (Nationalmusei handteckningsavdelning) framgår att det finns detaljer i dräkten som följt med in i våra dagar. Här avbildas en kvinna i det lilla huvudklädet med hatt under och gröntröja, ett plagg som i ett sockenstämmoprotokoll 1793 var föremål för en schism. Det var sockenmännen i några morabyar som ansåg att man borde återgå till den ofärgade, vita vadmalströjan eftersom alla inte hade råd med den lyxbetonade, gröna. Dräkterna för socknarna i Mora kommun (Mora, Sollerön, Venjan och Våmhus) är mycket lika med endast mindre avvikelser.

KELINGATTN är den gifta kvinnans huvudbonad. Den har broderier i så kallad dalsöm och nuggor och binds om håruppsättningen så att den framträder. Däröver bärs utanpåhatten av liknande utseende där banden tillåts hänga.

HÄNGSELSÄRK av linne bärs underst. Förr lade man stor vikt vid underståndet, d v s att en liten bit av särken skulle synas under kjolfållen, ett mode som morakvinnorna numera har övergivit.

ÖVERDEL, kort, av tuskaftat linne. Den har hålsömsbroderier runt överdelen av ärmen och påsytt band vid handleden.

LIVKJOL där övre delen, boden, är sydd av rött kläde med gula garneringar och broderier. Häktas ihop fram.

KJOL, handrynkad och utan den kappa av kläde som kom senare, i samband med maskinrynkningen.

FÖRKLÄDE, magd, vävt av rött ylle med ränder i gult. Det kan bäras till alla tillfällen utom sorg då man bär blå eller svart magd. Till dräkten hör också ett grönt förkläde.

HALSKLÄDE, mycket karaktäristiskt för den kvinnliga moradräkten. Ursprungligen syntes endast den upprättstående kragen, som var fäst vid ett litet tyg som inte syntes under halsduken. Så småningom har det vita halsklädet fått en självständig roll i dräkten och rika broderier och små axelstycken har tillkommit (se konfirmanden på sid. 57).

KJOLVÄSKA sydd av stansat kalvskinn med garneringar av rött och grönt kläde. Bärs över axeln med fastsytt, mönstervävt band.

GRÖNTRÖJA sydd av grön vadmal med ärmuppslag av rött kläde. Den är det finaste ytterplagget och bärs endast till röda förklädet.

YLLESTRUMPOR, röda.

SNÖRSLEJFSKOR med plösar och mellansulor av näver.

HANDVÄSSEL i rosengångsvävnad av rött ylle håller kvinnan i knäet. Det sveptes om psalmboken men kunde vid behov också användas som regnskydd.

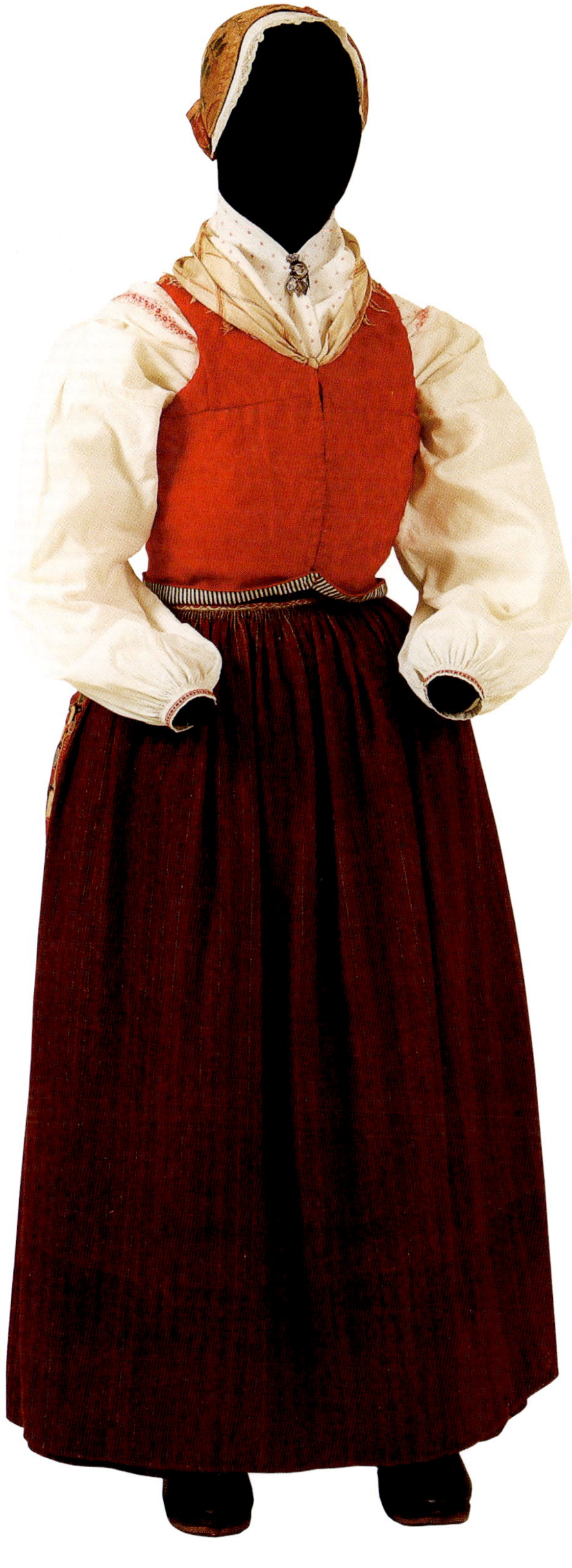

Älvdalskvinna

Älvdalens sockendräkt bars allmänt till 1860-talet då mansdräkterna började komma ur modet. Männen, som ofta gick med handel, gick under benämningen gråkallar. Deras dräkt återupptogs 1905 och baserades då mest på blå färger.

Kvinnodräkten lades aldrig bort. Från 1920-talet verkar Älvdalens kvinnliga slöjdklubb för att underlätta för älvdalskvinnorna att skaffa sockendräkt.

BINDMÖSSA, som här kallas skarpätta. Den är mycket hård, har ett yttertyg av rött, broderat siden och spets i kanten.

ÖVERDEL av bomullsväv i tuskaft. Ärmarna avslutas med kvardar, ärmlinningar, med påsydda band.

LIVSTYCKE i röd yllebrokad av en typ som är vanlig också i Härjedalen och Jämtland. Det är häktat fram och fodrat med blåvitrandigt bomullstyg. Livet är uppvikt nertill så att fodret ska synas.

KJOL av halvylle i röda nyanser liksom förklädet, som har en snarlik randning. Det knyts med ett mönstervävt band. Idag bär man oftast ett förkläde med vit botten och röda, smala ränder

HALSKLÄDEN av två slag: det undre av tryckt, vitbottnad bomull, hopfästs med krönt lövspänne av silver. Det yttre halsklädet är av siden.

KJOLVÄSKA sydd med applikationer mot botten av svart vadmal och har ett bakstycke av vitt skinn. Bygel och hake av mässing. Haken är märkt BED.

YLLESTRUMPOR, röda.

SKOR, svarta, näverbottnade.

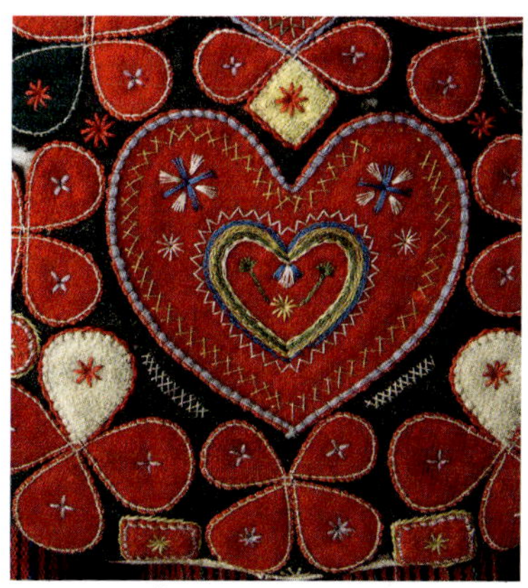

Kjolsäcken i Älvdalen har applikationer och broderier i ull och silke. Den är försedd med en praktfull bygel och krok av mässing.

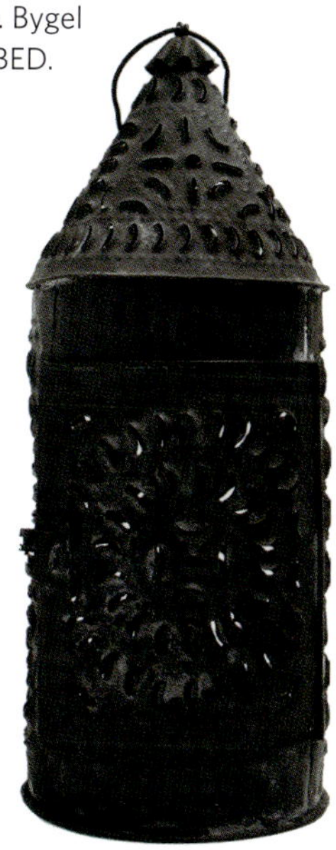

Kylan kunde bli bitande i kyrkan vintertid. Man bar därför med sig en kjolvärmare.

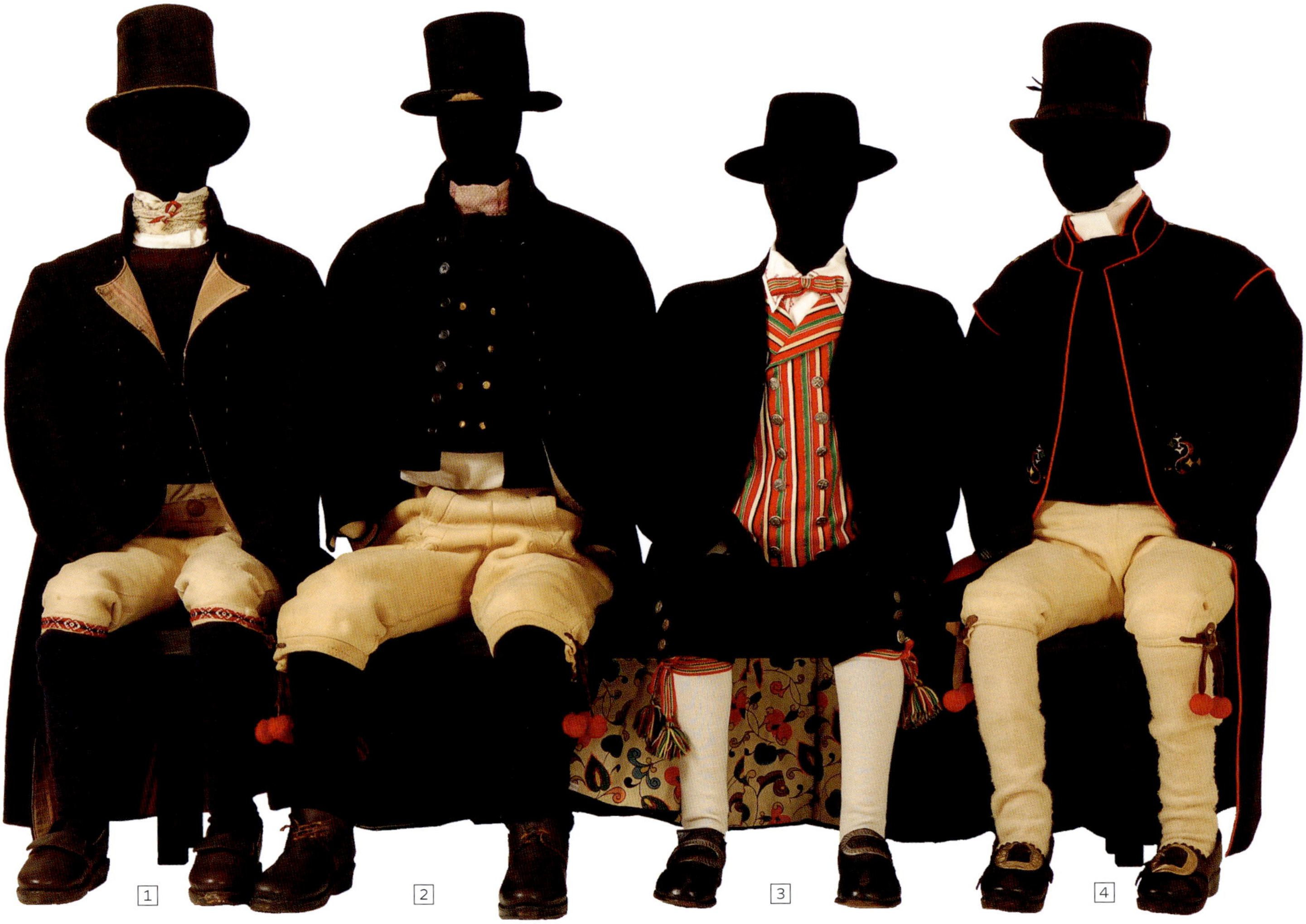

1 Dala-Flodaman

I Dala-Floda finns än idag rika varianter av sockendräkten även om de flesta inte brukas ofta. Männen tycks ha haft en benägenhet för herrskapsmode och viss klädlyx.

SKJORTA av bomull.
HALSDUK av bomull med tryckta militärinstruktioner.
BYXOR av sämskat skinn med laskade mönster vid ben och lucka. Byxbenen sluts med fyra par mässingshäktor samt med mönstervävda knäband. Bred lucka med sex förnicklade knappar. Fickorna har två mässingsknappar vardera.
LIVSTYCKE av mörkblå vadmal med stolpfickor, ståndkrage och dubbla rader metallhäktor.
LÅNGROCK av svart vadmal med ståndkrage fodrad med randigt, maskinvävt bolstervarstyg.
STRUMPOR, maskinstickade i mörkblått ullgarn.
SKOR av snörslejfmodell där snörningen döljs av en bred plös. Mellansulor av flera lager näver och slitsula av läder.
FILTHATT i hög modell.

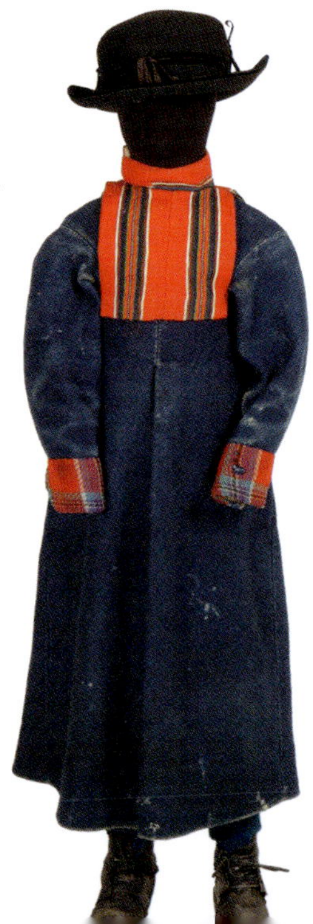

Pojken från Dala-Floda bär kolt av blå vadmal med »fram-och-bak-krage«. Även små pojkar avbildas med hatt. Monterns pojke bär kilmössa i tryckt kattun.

2 Bjursåsman

I Bjursås liksom i många andra socknar blev dräkterna omoderna vid 1800-talets mitt men bars av en och annan äldre person in på 1900-talet. Med hjälp av bevarade plagg och fotografier kunde man göra en rekonstruktion av dräkterna 1910 så som de såg ut när de börjat bli omoderna. Då hade många varianter redan glömts.

SKJORTA av tuskaftat linnetyg. Halssprund med knapp i vitmetall. Fram- och bakstycke liksom axellappar fint rynkade mot kragen. Skjortan är lång och har sprund i sidsömmarna. Kvardarna (manschetterna), broderade i rätlinjig plattsöm och nuggor, knyts med tunna bomullsband.

HALSDUK av mönstervävt halvsidentyg.

BYXOR av sämskat älgskinn, mycket kraftiga i kvalitén. Framstyckena har laskade mönster och knäsprunden sluts med läderremmar och ulltoppor.

LIVSTYCKE i svart kläde, mycket kort som knäpps med dubbla knapprader. Stolpfickor och ståndkrage.

TRÖJA, VÄST eller ärmväst av svart kläde. Enkelknäppt med knappar i konstmaterial. Ofodrad, med kanter och ärmar skodda med oblekt halvlinne.

LÅNGROCK av svart vadmal. Rocken har ståndkrage och i ryggen veck som faller ut från en punkt ovan midjan. Skodd med oblekt linne längs framkanter och kring ärmlinningarna.

STRUMPOR av svart, tvåändsstickat ylle.

SKOR av så kallad snörslejfmodell. Sula och klack av flera lager näver. Slitsula av läder.

HATT av svart filt. Brättet kantat med svart sammet, kullen fodrad med bomullslärft. Tillverkad av »A.S.S. i Sörskog, Bjursås«.

3 Grangärdeman

Mans- och kvinnodräkterna i Grangärde är komponerade 1947. En kommitté tillsatt på initiativ av Rävåla folkdanslag lät ta fram den nya sockendräkten som man önskade skulle vara mera färggrann än den gamla klädedräkten i Grangärde. Sockendräkten invigdes högtidligen i kyrkan 1948.

SKJORTA av tuskaftat linnetyg med korsstygnsbroderier på ärmlinningar och krage.

HALSROSETT, fluga, av handvävt ylleband.

BYXOR i svart kläde. Byxlucka och knäsprund knäpps med tennknappar.

KNÄBAND med tofsar. Vävda i ylle, randiga i rött, gult, svart och vitt.

LIVSTYCKE, vävt i halvylle med inslag av glittriga trådar. Det har samma randning som knäbanden och halsrosetten. Livet har krage, slag och dubbla rader tennknappar.

LÅNGROCK av svart kläde. Skörtet har foder av tryckt bomullstyg. Rocken, som har foder med färggrant tryck, är häktad i framkanten.

STRUMPOR stickade av vit ull.

SKOR av svart läder med tennspännen.

HATT i svart filt med silverfärgad snodd runt kullen.

4 Leksandsman

Det är finkläderna som idag har blivit kvar som »sockendräkten«. Det gäller också i Leksand, även om man här bevarat ovanligt många varianter för olika tillfällen.

SKJORTA av bomulls- och linnetyg i daldräll. Fint arbetad med broderier i kragpartiet. De broderade ärmlinningarna knyts med mönstervävda band. Skjortan är 93 cm lång.

HALSDUK, halskläde. Används vid högtidligare tillfällen. Rikt broderat med rätlinjig plattsöm och myrgång och avslutat i ändarna med knypplad spets.

BYXOR av gult sämskskinn med linning av brunt garvläder. Knäpps med metallknappar stämplade »Axel Andersson läderfabrik, Filipstad«. Sluts vid knäsprunden med svarta läderremmar försedda med röda ullgarnstuppor. Har tillhört »Fävuls AL ESon, Västanvik«.

LIVSTYCKE av mörkblått kläde med röda passpoaler runt hals och ficklock. Fodrat med blå/vitrandigt bomullstyg, så kallat kadettyg.

ROCK, BLÅTRÖJA, i mörkblått kläde, kantad med rött längs framkanter, i halsen och axelkarmarna. Blåtröjan är, tack vare de anslående broderierna, laskningarna, leksandskarlarnas mest kända plagg. Det finns emellertid en rock med högre rang – kyrkrocken som har en annan skärning och är sydd i svart kläde.

STRUMPOR, tvåändsstickade i vitt ullgarn.

SKOR av läder och mellansulor av näver. Slejfar och plös har perforerad uddkant. Skospänne av gulmetall och järn.

HATT, en så kallad »rotashatt«, tillverkad av hattmakaren Lars Fredric Roth i Falun.

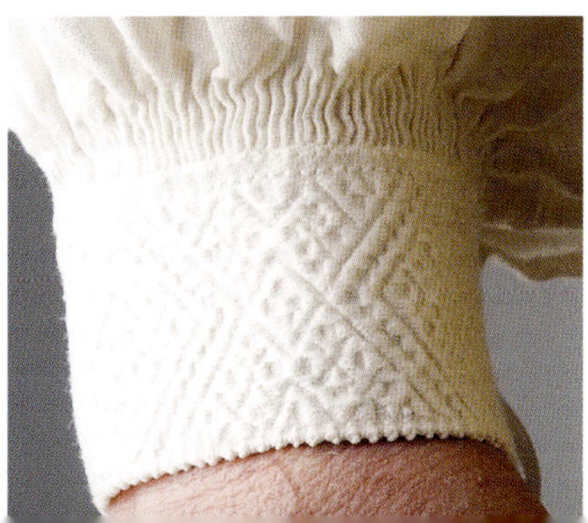

Kvardarna, handlinningarna, är tätt broderade i rätlinjig plattsöm och avslutade med nuggor mot handen.

SÖNDAGSEFTERMIDDAG

Livet i gångna dagar innebar inte endast allvarstillfällen utan också förlustelser. Oftast skedde danser och andra träffar på söndagen, veckans lediga dag. Kyrkkläderna var då ordentligt undanlagda och man bar snygga plagg av enklare slag. Här fanns plats för både trashankar och modelejon.

Orsadräkten

Orsaborna har inte tillhört dem som samlat sina persedlar i stora klädstugor. Greta Jacobsson skriver i sin bok Orsadräkten 1977 utifrån 17- och 1800-talens bouppteckningar: »Så litet de ägde! Även de som ansågs stå högt på den sociala rangskalan ägde få personliga tillhörigheter, främst i klädväg.« Orsakvinnan är den enda som inte bär kjolväska. Röda strumpor bars före 1797. På grund av en tragisk tilldragelse då en ung kvinna mördade sitt nyfödda barn och dömdes till döden övergick kvinnorna till att bära vita strumpor.

Knappheten på material har inte påverkat orsadräkten i en påver riktning. Att pälsar, tröjor, byxor och förskinn är sydda av specialister kan man utläsa av plaggen. Detsamma gäller ofta broderierna på kvinnornas hattar, flax (huvudbonader) och halskläden som verkligen är värda ett närmare studium.

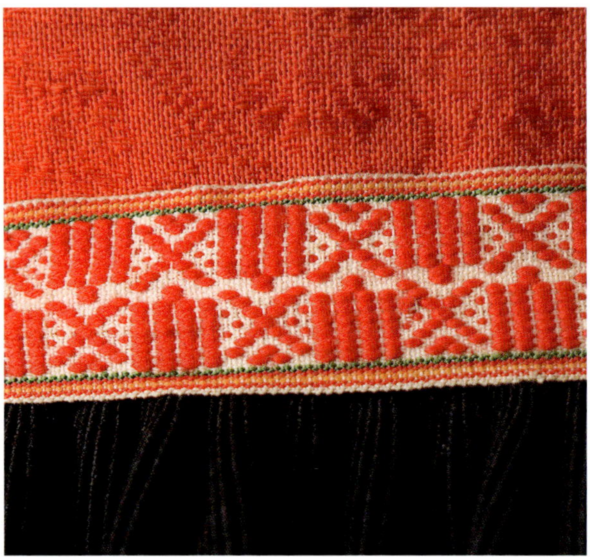

Livkjolens överdel, boden, är i Orsa sydd av röd yllebrokad, en vara som förekommer i andra dräktområden, exempelvis i Jämtland och Härjedalen. Den är sammansydd med den maskinrynkade kjolen i halvylle och sömmen har dolts med ett mönstervävt band.

Orsakvinnans plagg

HUVUDBONAD, » flax«, bärs av både gift och ogift. Den ogifta visar håret genom flaxens öppning medan den gifta bär hustruhatt under.

HÄNGSELSÄRK av halvlinne bärs närmast kroppen.

ÖVERDEL (blus) i halvlinne. Blå och vita, mönstervävda band på ärmlinningarna som knyts med rödvita, tofsförsedda band.

LIVKJOL i getskinn med hårsidan inåt. Livdel av fabriksvävd, mönstrad yllebrokad. Snörad med skinnrem fram.

HALSKLÄDE broderat i utdragssöm, flätsöm och nuggor. Knypplad spets i främre nederkanten. Knyts med band som i ärmlinningarna.

FÖRKLÄDE av skinn och kläde.

SKINNTRÖJA, »kasung«, med hårsidan inåt och fransull runt nederkant och ärmar.

STRUMPOR i vitt ylle, tvåändsstickade med mönster upptill på skaftet och vid vristerna.

SNÖRSLEJFSKOR av läder och näver, så kallade svenskskor. Klacken placerad mitt under foten.

Orsamannens plagg

SKJORTA av kypertvävt bomullstyg med krage i tuskaft. Mönstervävt band i blått och vitt i ärmlinningarna som häktas samman.

HALSDUK av en typ som använts i flera socknar. Rött, tuskaftvävt ylle med vita mönster som uppkommit genom omknytning före färgningen.

BYXOR av vit vadmal. Smalt sprund i midjelinningen som knäpps med metallknappar. Mässingshäktor sluter knäsprunden.

LIVSTYCKE i vit vadmal. Ficka med lock som kantats med vitt sämskskinn. Häktas med mässingshäktor fram.

FÖRSKINN, stjimpa, vars bröststycke och rem är ihopsydda av flera delar. Bärs under livstycket.

TRÖJA av vit vadmal. Två ficklock, kantade med vitt sämskskinn liksom nertill på ärmarna. Häktas med mässingshäktor fram.

STRUMPOR, mörkt blå, tvåändsstickade i ullgarn. Mönstrade upptill på skaftet, bak på benet och vid vristerna.

SNÖRSLEJFSKOR av läder och näver, så kallade svenskskor. Rosett i sämskskinn under plösen.

HATT i svart yllefilt. Kullen omlindad av två band i svart sammet.

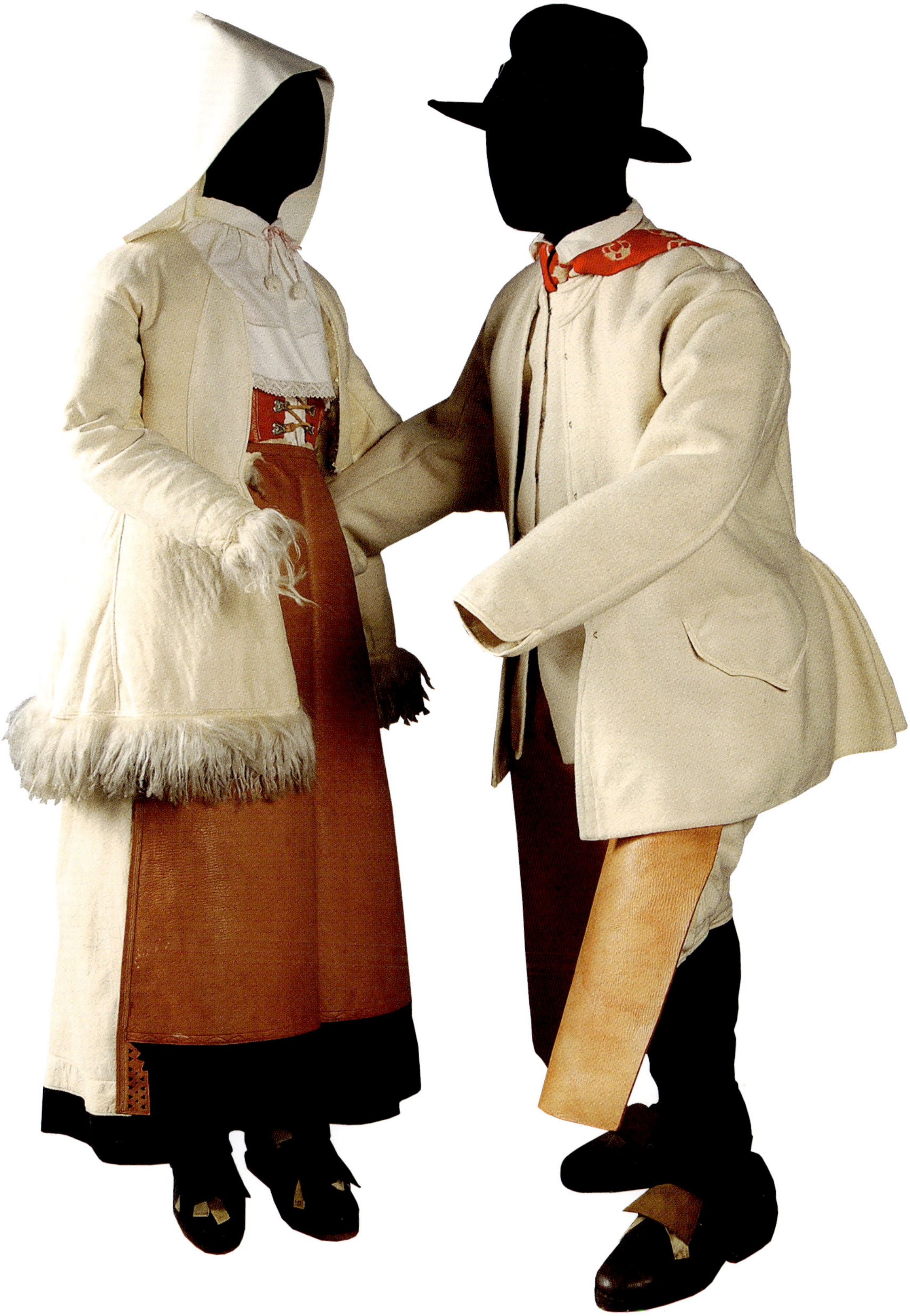

Rättviksdräkten

Få folkdräkter i Sverige är så välkända som de från Rättvik. Det är särskilt kvinnodräkten med sin tvärrandiga kjolvåd, breddan, som ger den en särskild karaktär vilket har använts i alla möjliga reklamsammanhang. Men dräkten har också flera förkläden. Också rättviksdräkterna har många varianter för olika sammanhang men dessa används mera sällan i våra dagar. Skinnkläderna som förr var allmänna är exempel på det.

Rättvikskvinnans plagg

GRÅHÄTTA av den mindre modell som var populär fram emot sekelskiftet 1900. Den har bollar och band som hänger bak. Den spets som prydde gråhättans framkant, som här, gick ur modet vid denna tid. Den ersattes av olika håruppsättningar.

ÖVERDEL av tunn bomullslärft med påsydd brodyr i halsen och en klaff på framstycket. Ärmlinningarna, kvardarna, är broderade med blått silke.

SKINNKJOL av get- och kalvskinn med hårsidan inåt. Nederkanten pryds av en grön vadmalslist.

FÖRKLÄDE vävt med brun ull på bomullsvarp. Mönstervävt midjeband med avslutande boll av ullgarn. Skott med rödbottnat kattunstyg.

LIVSTYCKE, snörvil, av garvat, brunt getskinn.

HALSKLÄDE av rödbottnad kattun.

SKINNTRÖJA av den mycket korta modell som är utmärkande för rättvikskvinnorna.

STRUMPOR av rött ylle.

SKOR, svenskskor, av läder med mönsterpräglad plös och lager av näver i sulan.

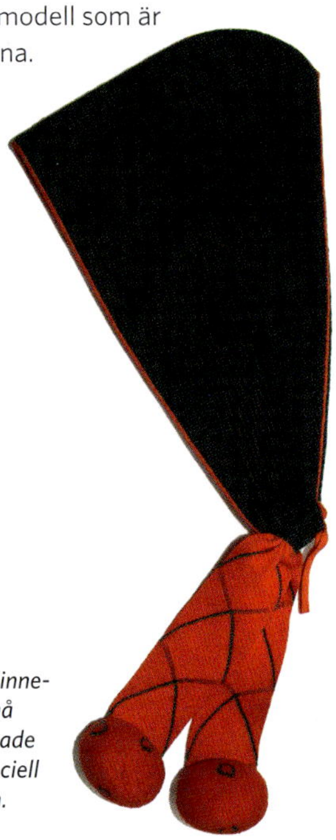

Gråhättan är vävd med svart ullgarn på linnebotten i gåsögonbindning. De senare, små modellerna är mycket hårt klistrade. Flätade ullband avslutade med toppor ger en speciell karaktär åt den kvinnliga rättviksdräkten.

Rättviksmannens plagg

SKJORTA av kypertvävt linnelakan, sydd av Skommar Anna Hansson, Rättvik. Ärmlinningarna har 1,5 cm breda, mönstervävda band i blått och vitt, tagna från en gammal skjorta.

BYXOR av gult sämskskinn. Metallknappar med graverat mönster. Linningen är fodrad med randig, fabriksvävd bolstervarsväv i bomull. Knäsprunden sluts med svarta skinnremmar och röda ulltoppor (bracktoppor).

LIVSTYCKE i gult sämskskinn, kantat med rött kläde kring halskant, framkant och ficklock. Fram- och bakstycken är »pricksömmade« i snedställda rutor.

REMBÄLTE med fem remmar av präglat läder.

PÄLSTRÖJA, kasung, i lång modell. Utsidan är fårskinnets köttsida medan ullen sitter kvar på insidan samt som bräm runt hals, i framkant, kring nederkant och runt ärmarna. I kyrkliga sammanhang bars en väl avpassad vadmalsrock utanpå pälsen.

STRUMPOR av tvåändsstickat, blått ullgarn. Hällapp av svart vadmal.

HALSDUK av maskinstickad ull i flera färger, så kallad norgeshalsduk.

MÖSSA stickad av ullgarn i flera färger. Hopsydd i sidorna. Känd som »Rättviksluvan«.

SKOR av snörslejftyp, knutna under slejfen. Sulor av näver och läder, förstärkta med tå- och klackjärn samt skospik.

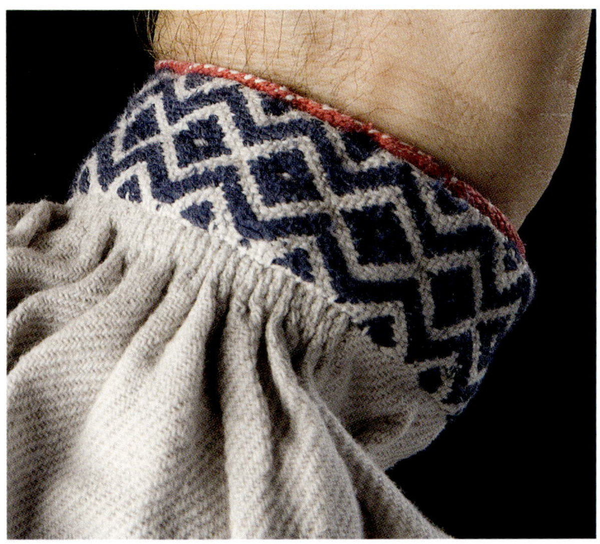

Dräkterna i Boda och Rättvik har många likheter, de har varit gemensam socken till 1875. Ett av skiljetecknen mellan dem är att bodakvardarna är mönstrade i rött medan man i Rättvik bär blå.

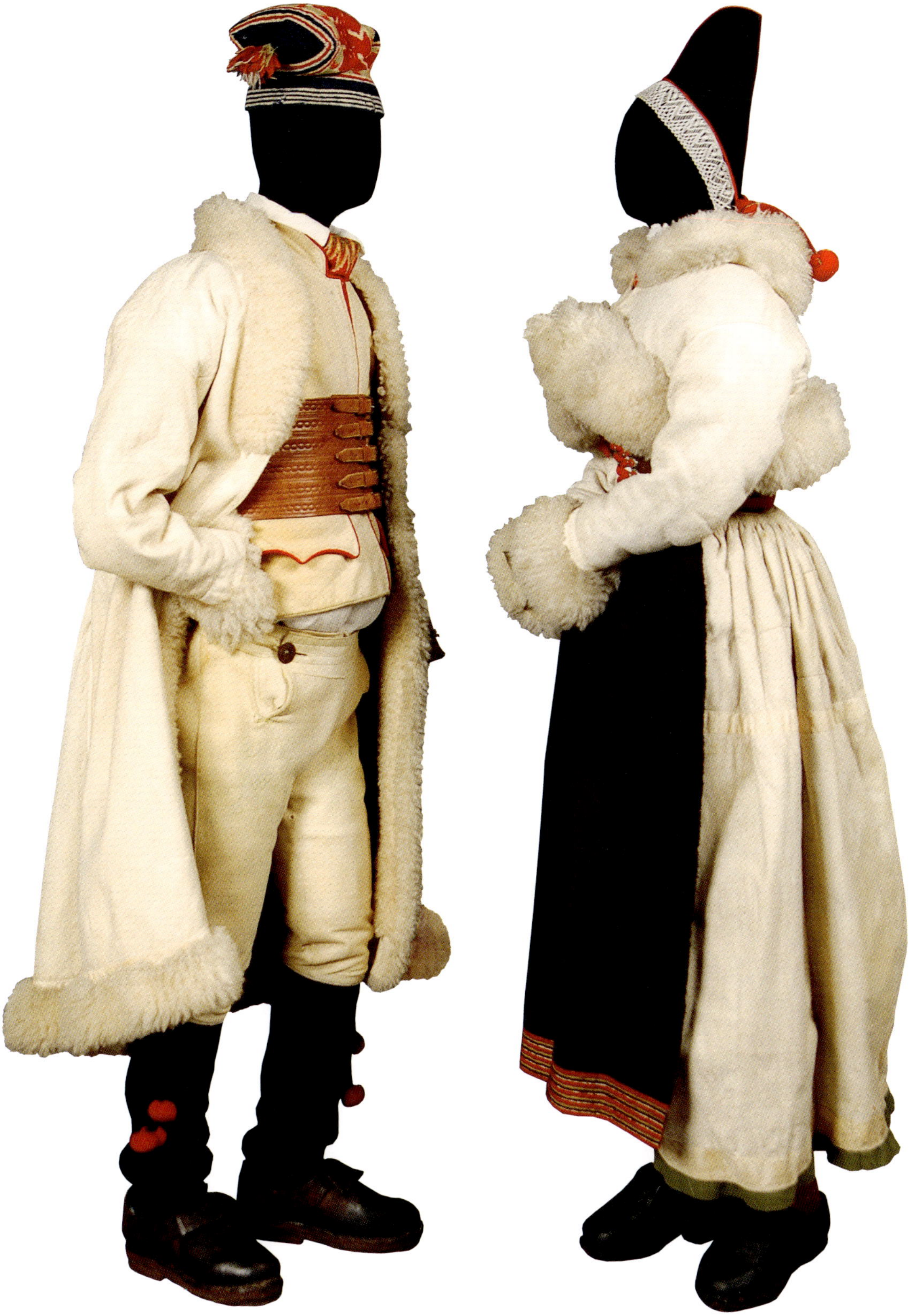

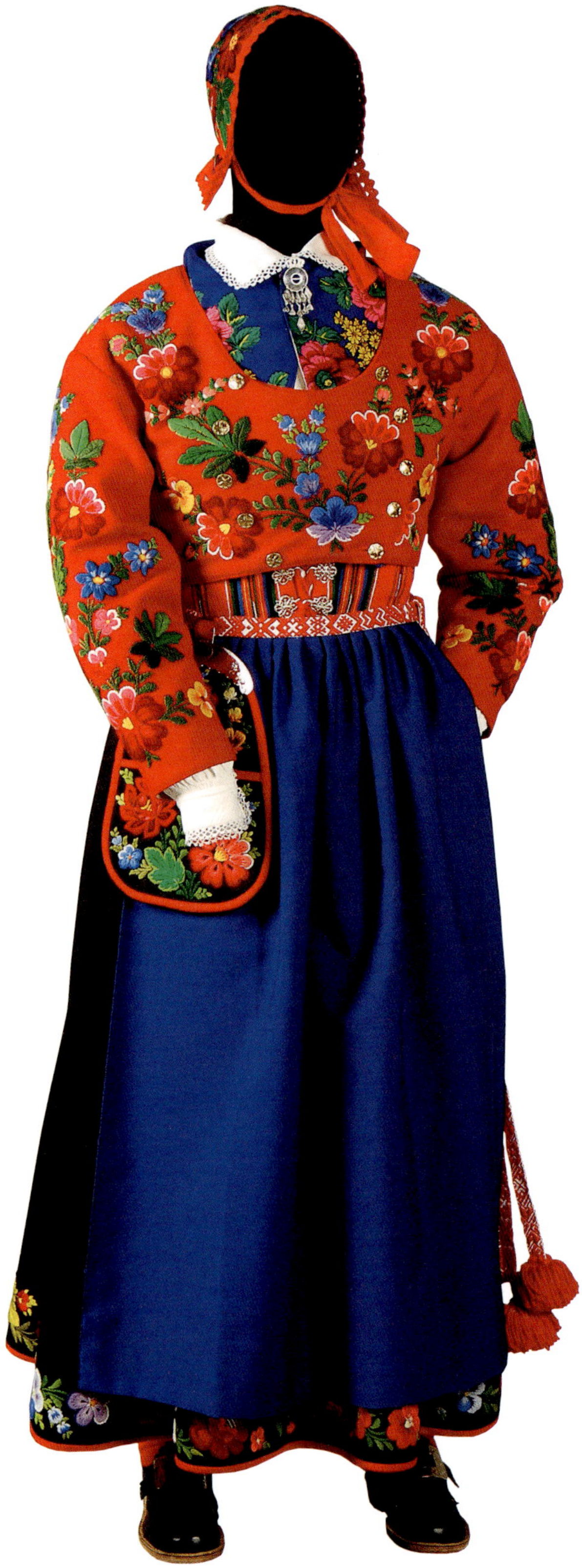

Kvinna från Dala-Floda

I Dala-Floda finns många dräktvarianter bevarade och kan tas fram vid dräktparader och särskilda tillfällen. På 1870-talet gjorde den mest kända varianten entré. Tack vare importerat, färggrant, engelskt ullgarn kunde »påsömmen« vinna anhängare, både bland påsömmerskor och brukare. Dräkten från Dala-Floda är inköpt till museets dräktsamling år 2002, sydd av Floda hemslöjdsförening. Denna variant blev på 1970-talet framröstad av svenska folket som Sveriges vackraste folkdräkt.

HUVUDBONAD, påsömshätta. Broderierna är utförda på rött kläde. Kring alla kanter löper en virkning av rött ullgarn. Ett rött sidenband knyts i vänster sida.

ÖVERDEL av bomullslärft med krage och ärmlinningar försedda med smala spetsar.

LIVKJOL. Nederdel av svart kläde med en bred påsömslist. Skodd med rött ylleband. Livdelen av hemvävt, randigt halvylletyg i flera färger. Snöres genom tennmaljor med rött bomullsband.

FÖRKLÄDE av blå, treskaftad väv. Knyts med ett mönstervävt förklädesband. På bandet är trätt en ögla med tofsar, vifsor, med samma mönster som bandet.

HALSKLÄDE av blåbottnat yllemuslin med tryckta blommönster. I Floda, liksom i flera övriga Västerdalssocknar, har den formen av en krage. Den fästs samman med ett krönt lövspänne av silver.

KJOLVÄSKAN har färggrann påsöm på svart kläde. Den har bygel och krok i mässing.

PÅSÖMSTRÖJAN av rött kläde är mycket kort och knäpps med mässingsknappar.

STRUMPOR av rött, maskinstickat ylle.

SLEJFSKOR av läder med mellansula av näver. Silverspännen.

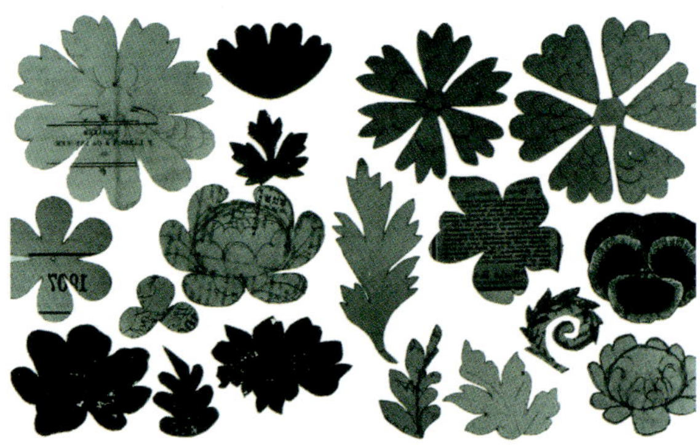

Påsömmen blev en viktig faktor för förtjänst i hushållen. Mallar till blommor och blader klipptes ur allehanda kartonger.

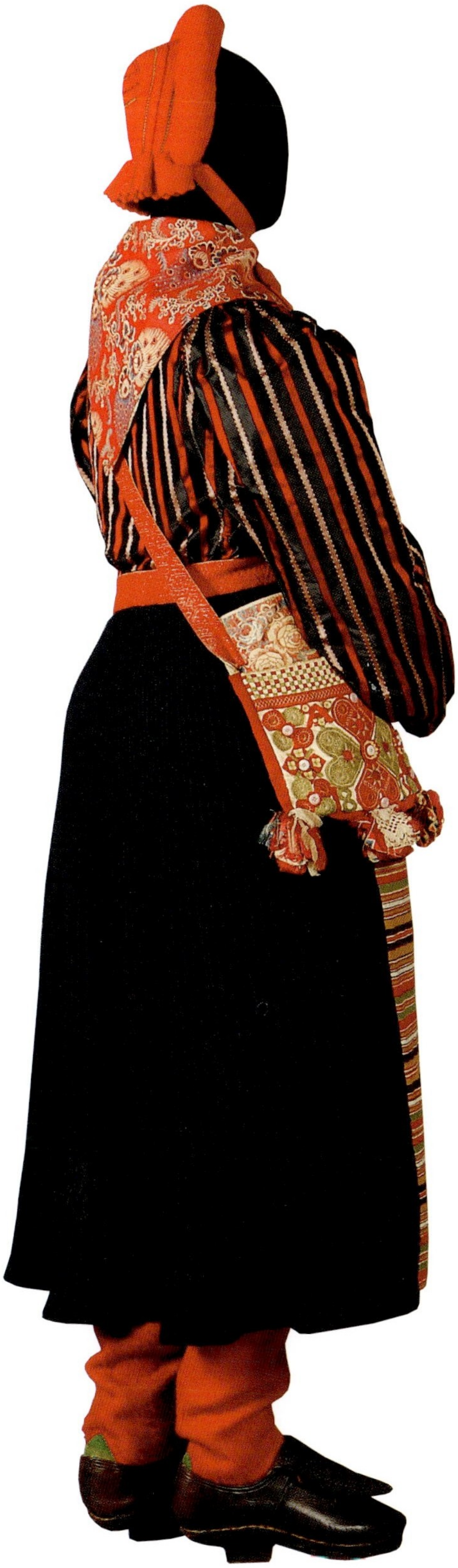

Kvinna från Boda

Sockenkläderna i Boda har mycket gemensamt med Rättvik vilket förklaras av det faktum att de båda socknarna blev självständiga från varandra 1875. Till skillnad från andra siljanssocknar bar också många män sina dräkter efter sekelskiftet 1900.

MÖSSA, luva, maskinstickad av rött ullgarn med gröna inslag. I framkanten en klippt valk, kavelfrans.

HÄNGSELSÄRK i vit bomullskypert. Livdelen vitare än kjoldelen.

MODEBLUS av siden, så kallad slimsblus, som blev mycket vanligt att bära till sockenkläderna vid sekelskiftet 1900.

KJOL av kypertvävt, blått ullgarn på brun linvarp. Handrynkad och skodd med ett linband.

BREDDAN, kjolens framvåd, är vävd i kypertvävt halvylle i flera färger. Linning av mönstervävt band.

HALSKLÄDE av rödbottnad kattun med blomstertryck. Fodrat med ett vitbottnat, tryckt bomullstyg.

KJOLVÄSKA med applikationer i kläde, broderier, knappar, skinn, tyglappar, rödbottnad kattun och försedd med mönstervävt band.

STRUMPOR, tvåändsstickade av rött ullgarn med gröna hällappar.

SNÖRSLEJFSKO, höghälssko. Skon knyts under plösen, som har präglat mönster i lädret. Sulor av näver med slitsula av läder.

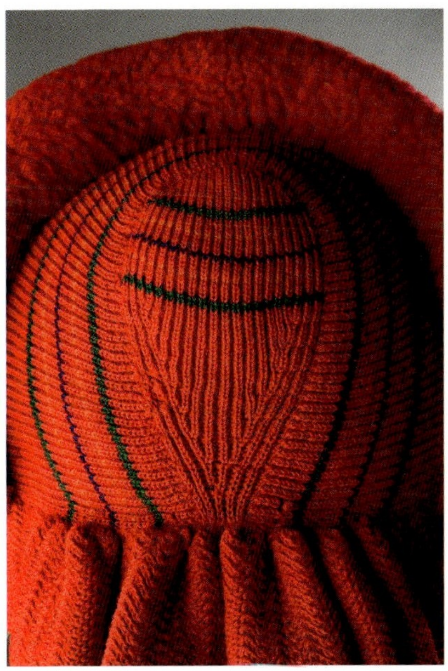

Den maskinstickade ulluvan ger bodakvinnorna en mycket speciell profil. Den var till att börja med inte ett plagg för kyrkbruk.

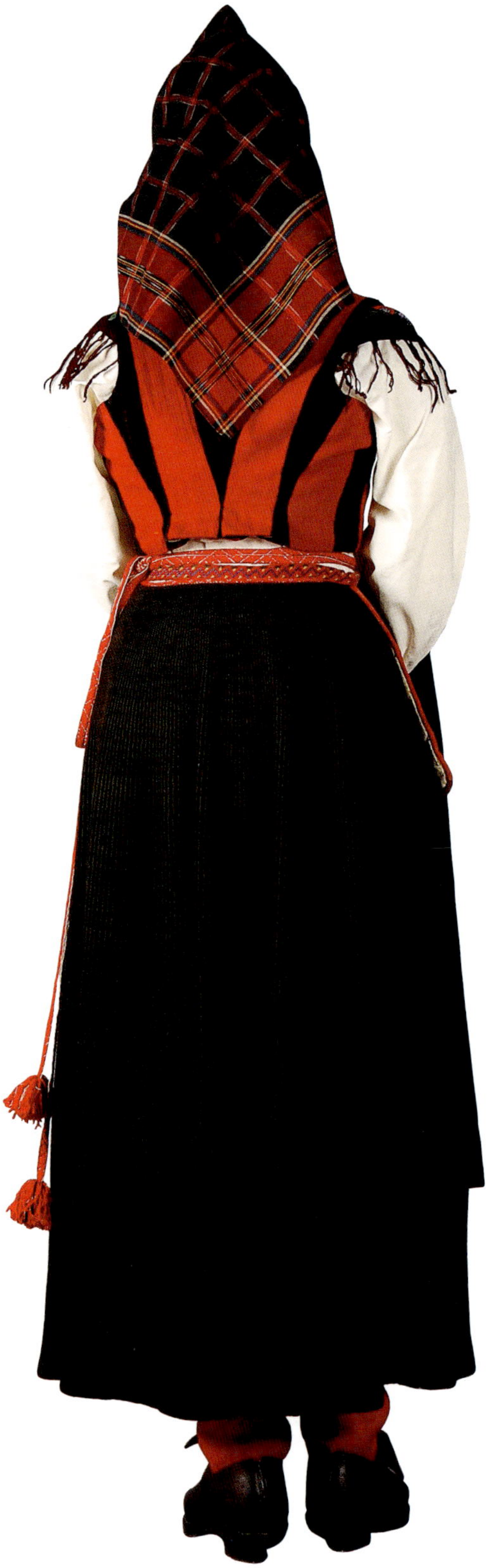

Kvinna från Bjursås

Efter rekonstruktion av dräktskicket blev den bjursåsdräkt vi känner idag allenarådande. Tidigare hade flera färger ingått i dräktskicket, bland annat blått. Den här varianten är enklare och vardagligare än den som bärs till större högtider.

VARDAGSHÄTTA av två sammansydda stycken i samma tyg som livstycket. Kantade med röda ylleband.

HUVUDDUK med röd list efter två sidor, blå längs de övriga två. Den röda listen bars synlig vid gladare tillfällen, den blå till allvarligare. Huvudklädet kallades »röd-å-blålista«.

SÄRK bärs underst, av hemtillverkat, kypertvävt halvlinne. Den är sydd av raka stycken och övre delen är gjord av tunnare tyg än kjoldelen.

ÖVERDEL av bomullslärft, kort och försedd med låg halsslå. Kvardarna (handlinningarna) är broderade med rätlinjig plattsöm och nuggor.

KJOL, rynkad och vävd med svart ullgarn på en linnevarp. Rynkningen är grov och rynkorna »knäppta« mot linningen som består av ett mönstervävt band. Också fållen är skodd med ett rött ylleband.

FÖRKLÄDE av halvylle vävt i ripsbindning, fint veckat mot ett mönstervävt band med »tuppor«. Skott med ett rött kattuntryck med svart mönster.

LIVSTYCKE av halvylle i svart och rött, vävt i oliksidig kypert. Halsringningen är kantad med ett ljusblått sidenband. Tre par tränsade snörhål. Snodden flätad av grönt och rött ullgarn. Fodrat med oblekt linnelärft.

KJOLVÄSKA broderad med ull- och silkesgarn på svart kläde. Fästs med mönstrat ylleband.

HALSKLÄDE, en brunbottnad sjal av yllemuslin med tryckta blomster. Denna fästs samman med en sölja av tenn.

STRUMPOR, röda, tvåändsstickade i ullgarn.

SNÖRSLEJFSKO med indragen klack, så kallad pluttsko eller höghälssko. Knyts under plösen. Sulor av näver med slitsulor av läder.

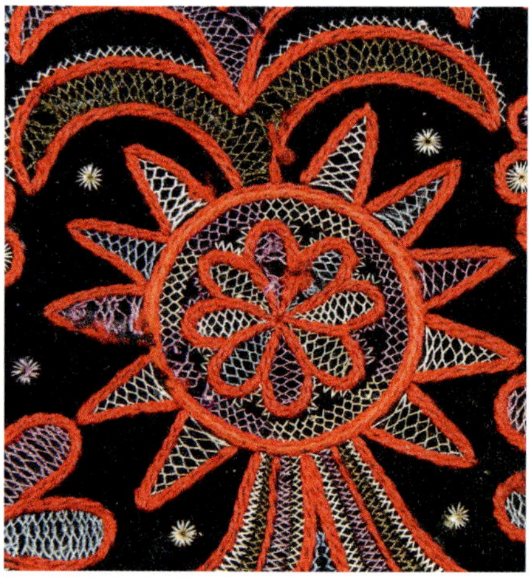

Detalj från kjolväska till bjursåsdräkten.

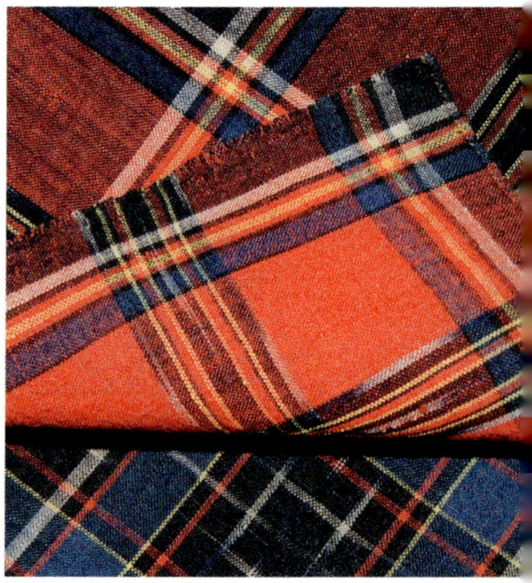

Detalj av »röd-och-blålista«.

DE STORA HÖGTIDERNA

Att klä sig rätt till varje tillfälle har varit viktigt för alla i samhället. Genom att följa förväntad klädkod visade man, då som nu, respekt för andra och sig själv. Varje socken har bildat egna varianter som signalerat civilstånd, status och sedlighet.

Störst är de högtider som innebär övergång från ett stadium till ett annat: dop, konfirmation, bröllop, begravning.

Malungs sockendräkt blev tidigt bortlagd men återupptogs redan i slutet av 1800-talet. Dräkten fick ett uppsving i samband med starten av Malungs folkhögskola 1909.

Som i alla trakter har här varit särskilt angeläget att bemöda sig om brudens utstyrsel. Den som inte ville, eller på grund av sin vandel inte fick, uppträda som kronbrud kunde kröna sitt huvud med ett lad. Laden kunde vara av två slag. Det enklare var utformat som en bindel medan det andra hade en upprättstående diademform.

Ladbrud från Malung

HATT av bomullslärft. Rynkat nackparti och knypplad spets i framkanten.

LAD av diademtyp med yttertyg av röd rask som broderats med metallspets och pärlor. Baksidan klädd med rödbottnad kattun. I överkanten små »ståndare« av metalltråd, trädda med pärlor. Bak hänger mönstrade sidenband av flera slag.

ÖVERDEL av bomullslärft. Ärmarna är fint arbetade med knäppta rynkor mot handlinningarna, som är besatta med mönstervävda band.

LIVKJOLENS ÖVERDEL av rött kläde är broderad med silkesgarn. Kjoldel av blått, tuskaftat halvylle.

FÖRKLÄDE sytt av rött ylletyg med ett sidenband, kallat snora, som dekoration nertill. Knyts med rött bomullsband.

SILKESHALSDUK som fästs ihop fram med krönt lövspänne.

HALSBAND av färgade glaspärlor.

GLITTERBINDEL i midjan av rött kläde med påsydd metallspets.

STRUMPOR, röda.

SNÖRSLEJFSKOR, svarta.

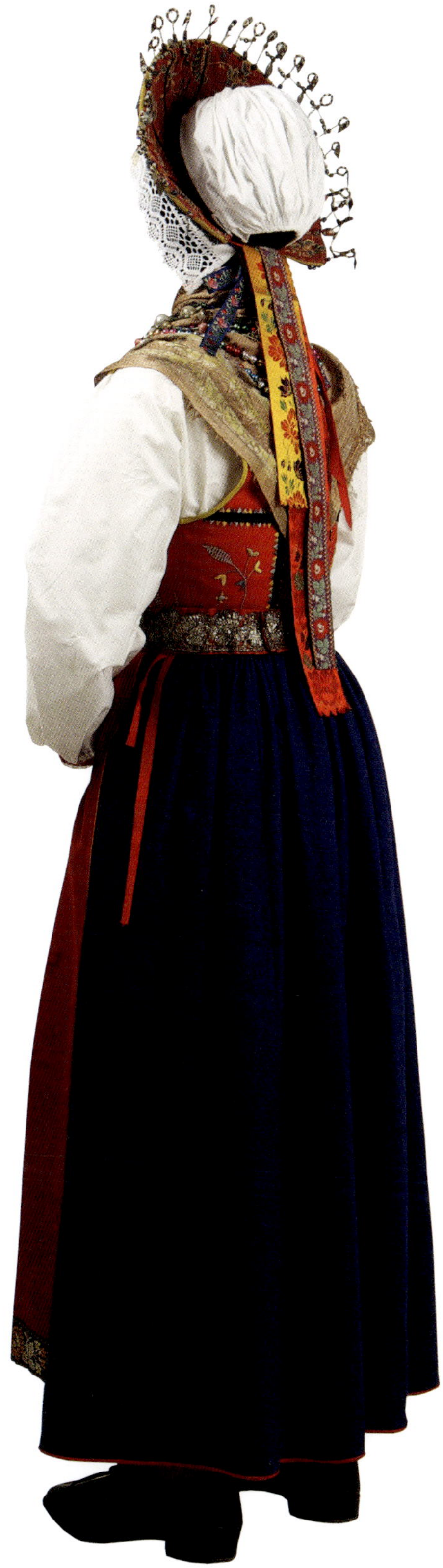

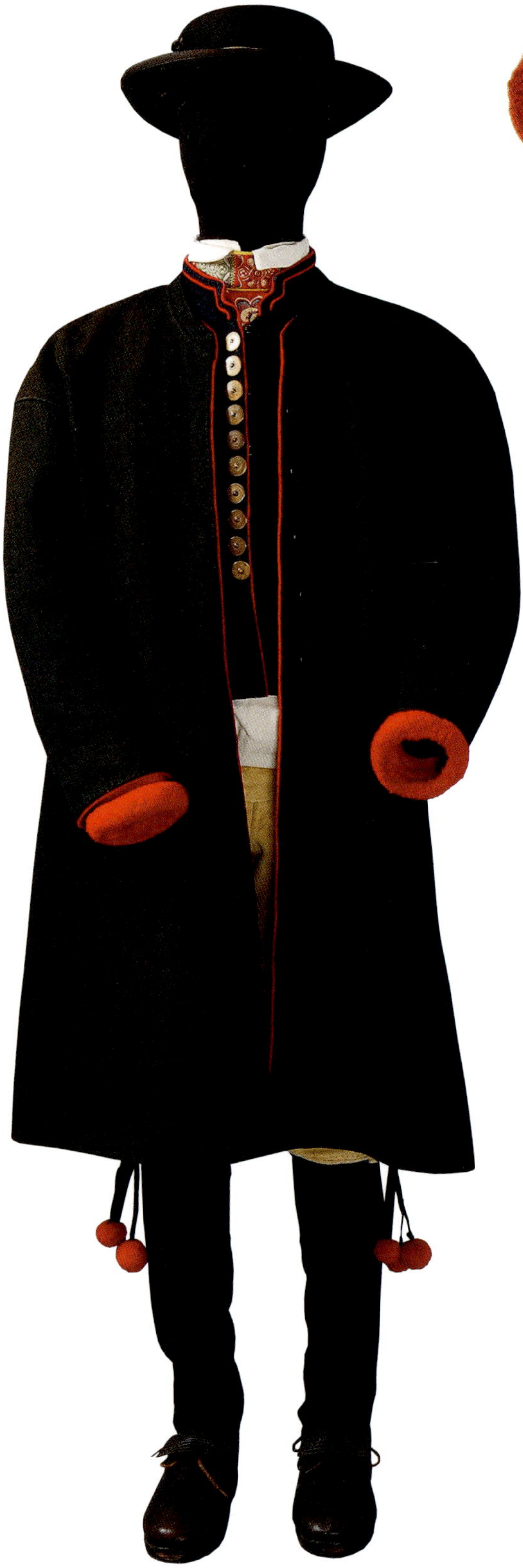

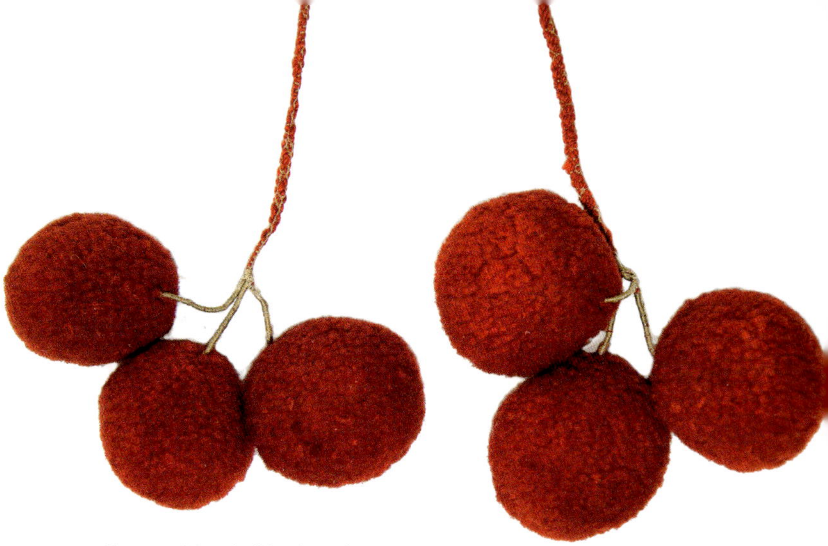

Toppor och band till brudgumshatt.

Högtidsklädd man från Boda

Mannen från Boda är klädd för högtid, kanske bröllop. Han är dock inte själv brudgum eftersom han bär blå strumpor. Som brudgum borde han burit vita.

SKJORTA av grovt vävd linnekypert med krage av tuskaftad bomull.

NATTKAPPA av broderade klädesbitar i grönt och rött som kantas med gula band. Knäpps bak med mässingshäktor. I äldre nattkappor utgörs styvnaden av näver. Ett halvcirkelrunt kattunsstycke är påsytt i nedre framkanten.

BYXOR av gult sämskskinn med smal lucka, knäppt med två mässingsknappar. Bodamännens byxor har ofta varit mycket lågt skurna fram. Svarta läderremmar med röda ulltoppor pryder knäsprunden.

LIVSTYCKE av mörkblå vadmal med röda passpoaler längs framkanterna, dubbla vid krage och fickor. Tio gustafsknappar med stjärnmönster pryder framkanten. Livstycket sluts med häktor av mässingstråd.

LÅNGROCK, blåtröja, sydd av svart vadmal, också den med passpoaler i framkanterna och vid ärmöppningarna. Vid ärmöppningarna syns armringarnas kavelfrans. De är tvåändsstickade och rikt mönstrade.

STRUMPOR av tvåändsstickat ullgarn i mörkblått. Strumporna är ganska vida i skaftet, ett mode som varit särskilt utbrett i Boda och Rättvik. Helst skulle strumpan pösa ut över skon.

SNÖRSLEJFSKOR med kort plös i präglat läder och sulor av näver och läder.

HATT av en lågkullig typ som har varit omtyckt i hela Övre Dalarna.

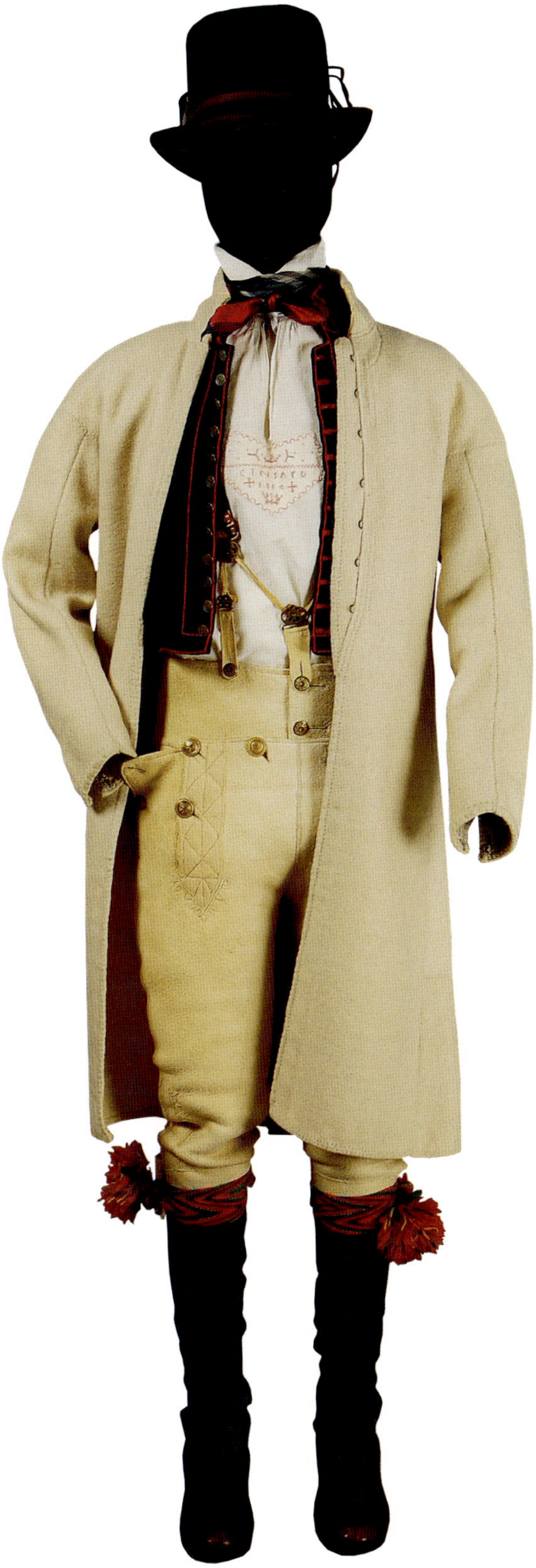

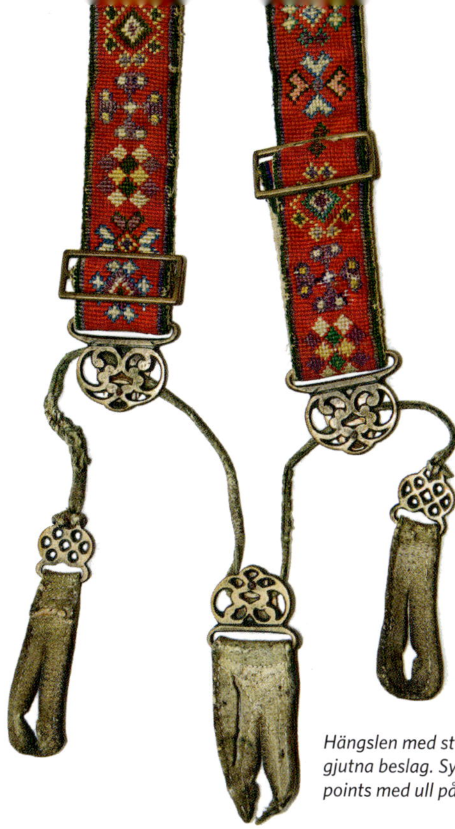

Hängslen med stroppar och gjutna beslag. Sydda i petits points med ull på stramalj.

Brudgum från Nås

Nås sockendräkt har gamla anor och beskrivs av resenärer under 1700-talet som närbesläktad med den i Dala-Floda.

BRUDGUMSSKJORTA av tuskaftat linne. »Brudgumshjärtat« har broderi i korsstygn med kronor och kors samt märkt CINSAFD 1860. Hög krage med sidenhalsduk.

BYXOR av sämskat älgskinn. Vid lucköppningen maskinsydda dekorationssömmar och knappar i gulmetall.

BRUDGUMSHÄNGSLEN var en gåva av bruden. Dessa är breda, vävda ylleband med upplockade mönster.

LIVSTYCKE i mörkblå vadmal, sydd med garneringar av röda garnsnoddar och röda knapphål. Enkelknäppt med tolv tennknappar.

LÅNGROCK sydd av vit vadmal och häktad till midjan. Hög ståndkrage med maskinstickningar.

STRUMPOR blå, tvåändsstickade av ylle.

KNÄBAND flätade av rött, grönt, blått och gult ullgarn i kilar och avslutade med präktiga garntofsar.

SKOR bruna, helt av läder.

FILTHATT, hög.

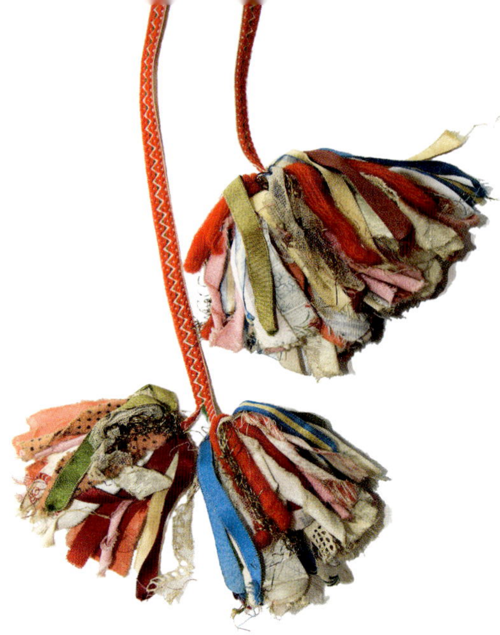

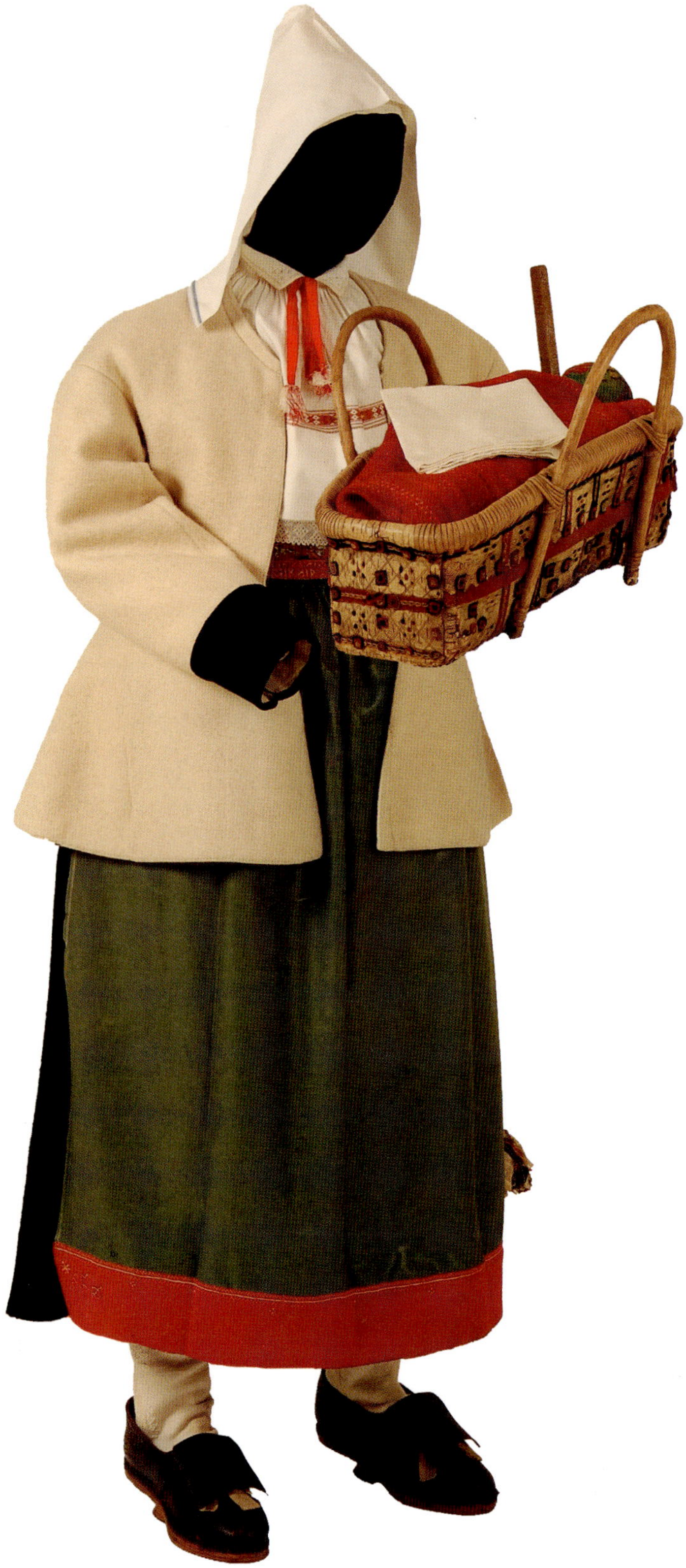

Orsakvinna med dopbarn

En enklare variant av den kvinnliga orsadräkten visas i montern »Söndagseftermiddag«. Här presenteras den högtidliga varianten som bärs vid exempelvis barndop.

HATTEN som den gifta kvinnan bär över håret har ett tätt rynkat parti i nacken. Den ska skymta genom öppningen på den yttersta huvudbonaden, flaxen, och signalera hennes civilstånd.

ÖVERDEL i tuskaftad bomull. Ärmlinningarna knyts samman med tofsförsedda snoddar.

HALSKLÄDET är nära besläktat med det i Mora men har i Orsa nedvikt krage och knyts med ett tofsförsett band i halsen. Halsklädet har en knypplad spets i underkanten och broderier av flera slags sömmar.

KJOL av halvylle i svart och livdel, bod, av rött, broderat ylle. Snöres genom tennmaljor med en smal rem av skinn.

FÖRKLÄDET, skinmagden, är tillverkat av grönt, vaxat tyg, så kallad rask, med en röd list av kläde nertill. Den är upptill försedd med ett 4,4 meter långt band, tuppband, där inget av de mindre mönsterpartierna är det andra likt. Bandet avslutas med tofsar, tuppor, av granna remsor av köpetyger (se kopia i bandmontern, sid. 11).

VITTRÖJA i ofärgad vadmal med ärmuppslag i svart kläde.

STRUMPOR av vit ull i tvåändsstickning.

HÖGHÄLSSKOR av snörslejftyp med plös, har indragen klack, mellansulor av näver och slitsulor av läder.

Dopbarnet lades i en krippkass av helnäver, smyckad med filtbitar och försedd med två grepar. I denna lades barnet, som här har en mössa med broderier av samma typ som vi ofta finner på flax och halskläde.

Krippvässel är benämning på dessa små barntäcken. De är vävda i bunden rosengång på linvarp med inslag av ull- och lingarn. Längs ena kortsidan är fastsydd en 8 cm bred remsa av rött kläde. En uppgift säger att dessa vässel köptes av tillverkare i Nusnäs.

Dopstickan skulle fästas vid huvudänden med den nyföddes och syskonens initialer och födelsedatum inskurna. I allmänhet medtogs ett vitt litet bomullslakan som kunde läggas över barnets huvud som skydd mot flygfän. Dopstickan fick då göra tjänst som »tältpinne«.

Krippkassen har ett mönstervävt band med trastofsar mellan greparna och ett annat som den hänger i.

Leksandskvinna i sorg

Leksands sockendräkt tillhör de mest varierade i Dalarna. Här används de fortfarande av dem som har tillgång till rätt variant vid olika tillfällen. Det gäller i hög grad kvinnornas dräkt vid personlig sorg. Den är lätt att identifiera med det gula, tvärrandiga förklädet och det vita slängklädet.

HATT för gift kvinna, käringhatt i halvlinne, daldräll.
SLÄNGKLÄDE i halvlinne, daldräll. Klädet viks in några centimeter i framkanten och knyts under hakan med två fastsydda band.
ÖVERDEL i halvlinne, daldräll.
HALSKLÄDE i tuskaftat hellinne, broderat i kanten, hopfäst med lövspänne.
KJOL av svart kläde, den gängse i våra dagar. Leksand har tidigare haft ett varierat utbud av kjolar, bland annat rynkade.
FÖRKLÄDE, magd, av yllerips vävt med rosengångsränder på tvären. Mönsterplockat midjeband. Det gula garnet färgades med björklöv. Att man bär lysande gult till sorg brukar förklaras med det enkla och billiga färgningsförfarandet.
LIV av svart, silkesbroderat rask. Snöres genom sex par söljor med ett mönstervävt silkesband, sotband.
KJOLVÄSKA med flätsöm och kulörta yllelappar applicerade på svart kläde. Knyts med band runt midjan.
TRÖJA av svart kläde, häktas i framkanten.
STRUMPOR, tvåändsstickade i vitt ullgarn.
SNÖRSLEJFSKOR med näversulor med slitsula av läder. Försedda med små, röda ulltuppor samt plös.

Lisskulla

Barnen bar kolt till sex-sjuårsåldern. Det var på huvudbonadens snitt man kunde utläsa om barnet var en flicka eller pojke: flickorna bar trestyckhätta medan pojkarnas mössa var sydd av kilar.

TRESTYCKHÄTTA i hemvävt, rött ylletyg och underhätta med krusad (vitsömsbroderad) framkant.
KOLT av gult ylletyg.
YLLEFÖRKLÄDE, rött, randigt i rosengång med mönstervävt förklädesband.
KRUSHALSKLÄDE av vitt linne, hopfäst med ett litet lövspänne.
KJOLVÄSKA, en enklare och mindre variant av de vuxnas, sydd med röda, gröna och gula applikationer samt flätsöm på svart kläde. Den fästs runt midjan med ett mönstervävt band.
ULLSTRUMPOR, vita, tvåändsstickade.
SKOR, svarta, näverbottnade med plös och slitsula av läder.

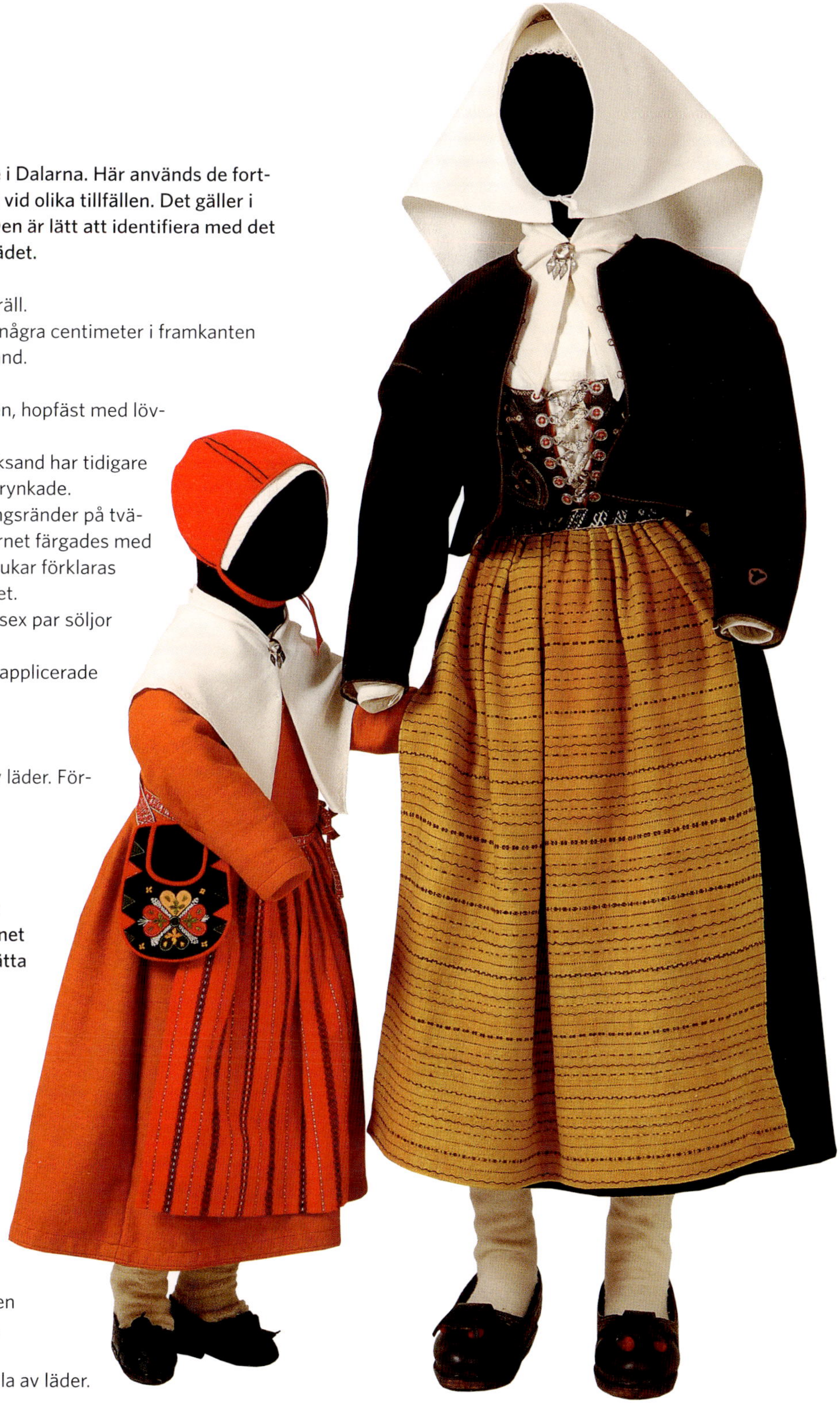

Svärdsjöbrudgum

Att dräkterna är gemensamma för socknarna Svärdsjö och Enviken har att göra med att de var en enda socken till 1864. Dräkten lades bort och en festvariant återupptogs på 1910-talet. Från senare delen av 1900-talet pågår ett ständigt forskningsarbete efter de äldre dräktvarianter som brukades i de båda socknarna.

BRUDGUMSSKJORTA av linne med broderier i korsstygn runt halssprund, ärmlinningar och på brudgumshjärtat fram. Kragen är uppslagen med en knuten sidensjal runt halsen.

BYXOR av gult, sämskat skinn med lucka och stora mässingsknappar.

LIVSTYCKE, randigt i rött, vitt, svart och grönt ylletyg. Den har ståndkrage och är enkelknäppt med tio tennknappar.

LÅNGROCK sydd av svart vadmal. Den är häktad fram och har foder av ett tyg från en gammal, rynkad kjol.

KNÄBAND, pinnvävda av ullgarn i samma färger som livstycket.

STRUMPOR, mörkblå som döljs av snösockor, tillverkade av brun vadmal.

SKOR bruna.

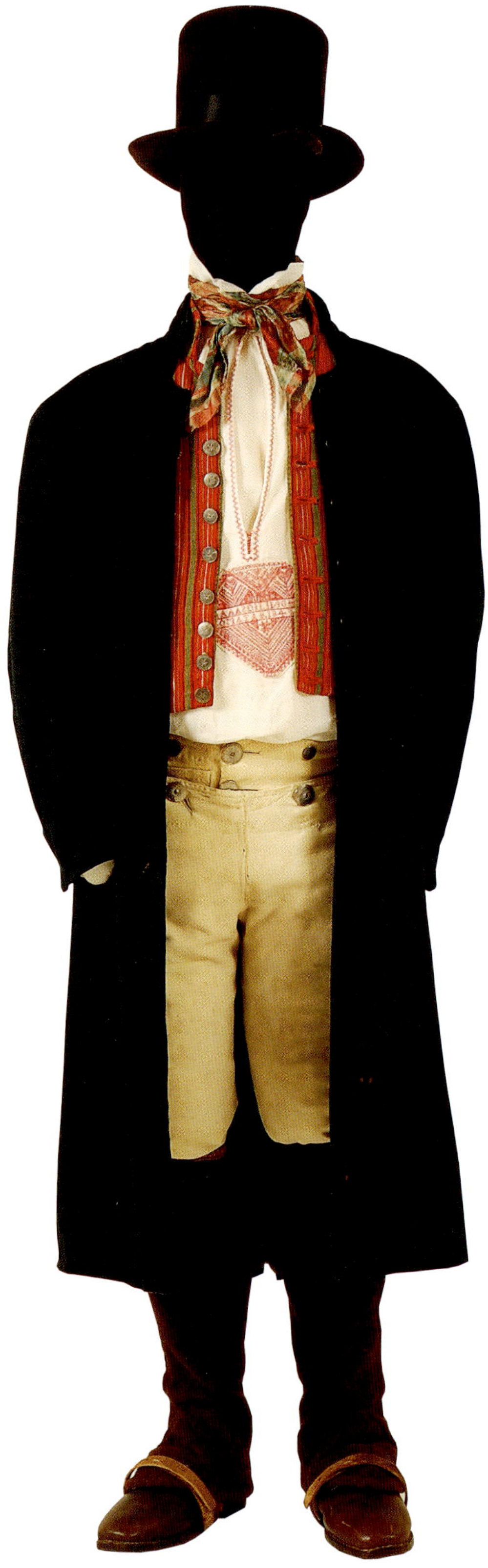

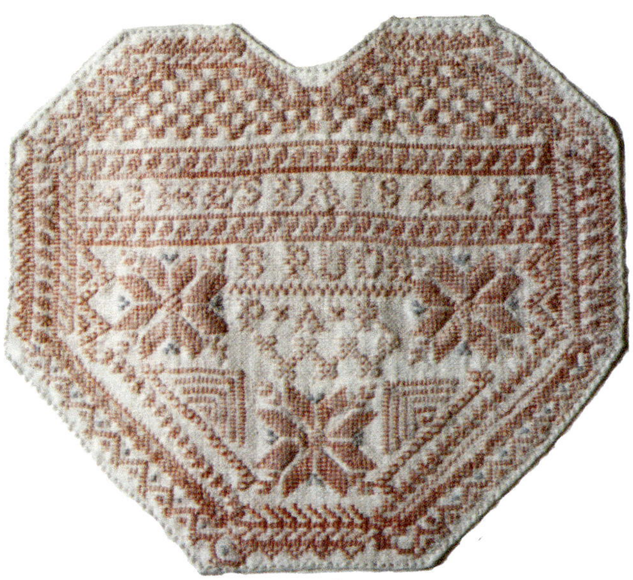

Till brudgumsskjortan kunde fästmön brodera ett brudgumshjärta. Detta är sytt med korsstygn på linne.

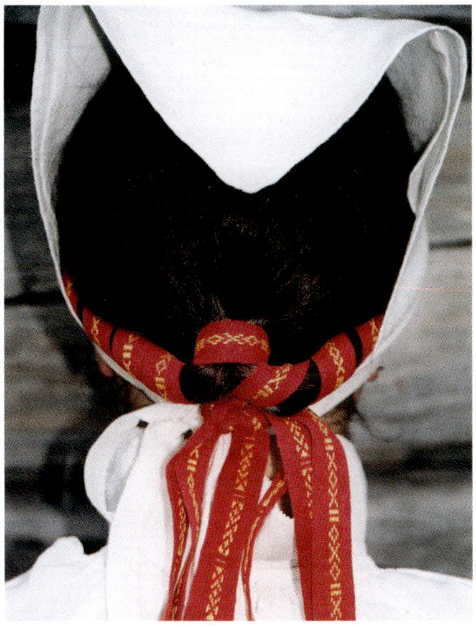

»Uppombindningen« lindat med mönstervävt band och med det lilla huvudklädet, bärs ännu av konfirmander i Mora.

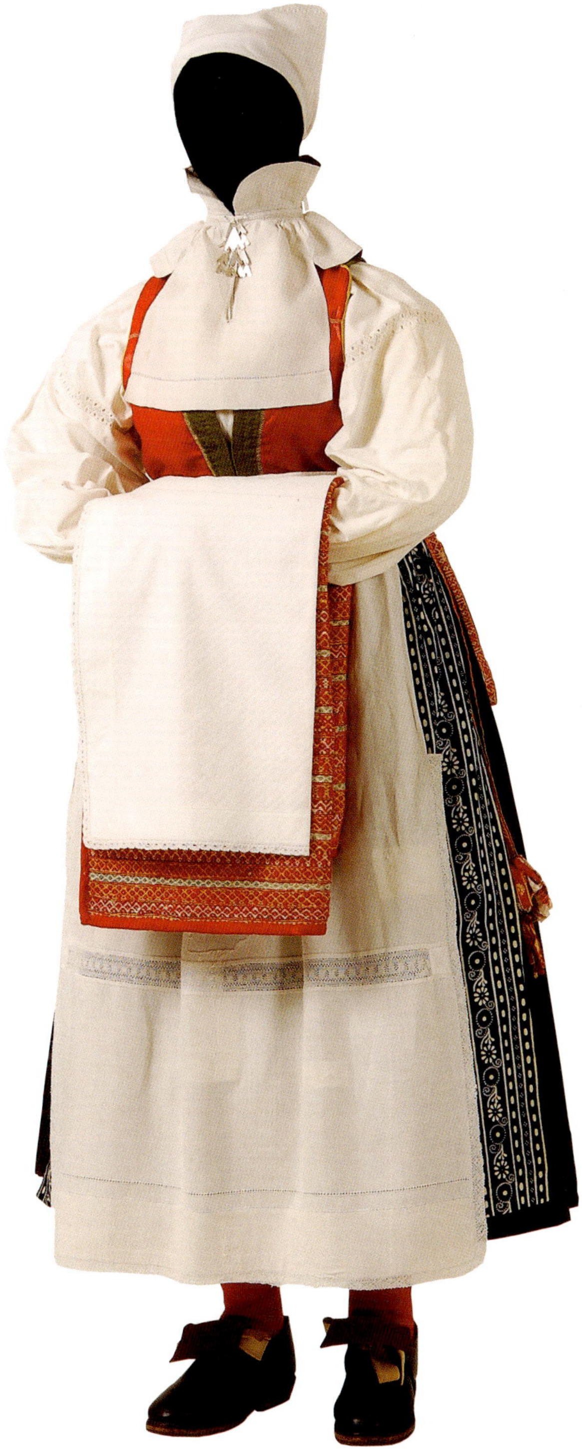

Morakonfirmand

Konfirmationen har haft en mycket stor betydelse i de ungas liv. Här plockades de finaste kläderna fram. Den som själv inte ägde den rätta utstyrseln lånade av grannar eller närstående.

HÅRUPPSÄTTNINGEN, uppombindningen, och huvudklädet utgör en karaktäristisk enhet. Utanpå detta lades det lilla huvudklädet, som är känt sedan slutet av 1600-talet då det är återgivet på en akvarell.

ÖVERDEL av bomullslärft. Ärmarna är upptill markerade med knypplad spets.

HALSKLÄDE som är relativt litet jämfört med många av dem man ser idag. Detta har axellappar vilket inte var fallet med de tidiga morahalsklädena, som hade en rak form. Halsklädet fästs samman i halsen med en brosch, designad av Anders Zorn.

LIVKJOL av schalongstyg, en så kallad skinkjortel. Den, liksom den röda livdelen, boden, är sydd av ett köpt, vaxat ylletyg, rask.

FÖRKLÄDENA är två. Under lördagens konfirmationsförhör bars ytterst det blå kattunsförklädet med vitt nattvardsförkläde av linne under. Själva konfirmationssöndagen bytte förklädena plats, när kullan för första gången fick nattvarden.

ÅKLÄDE av ylle, vävt i rosengång och en vitt »åklädestrasa«, båda avsedda att vika in psalmboken i. De vikta klädena bars sedan under armen.

STRUMPOR, röda av ylle.

SNÖRSLEJFSKOR med sulor av näver med slitsula av läder. Knyts med sämskskinnsrosett under plösen.

KLÄDSTUGAN

Klädstugorna utgjordes av hela rum med persedlar av alla slag. Ofta samlades här flera generationers uppsättningar av finare och sämre kläder, gamla och nya. Ibland var plaggen inte ännu använda eller ens färdigsydda när de hängdes upp i klädstugan. Författaren C Forssell skriver i »Ett år i Sverige« 1828:

Klädedrägten, som vexlar i de flesta socknar, är äfven inom hvarje sådan till vissa delar olika vid olika tillfällen och högtider. Klädförrådet i ett Dalkarlshushåll är därföre tämligen dyrbart, ofta dyrbarare än en ståndpersons, samt utgör en betydlig del af det lösa boets värde. Klädstugorna äro icke sällan fullsatta kring väggarna med klädespersedlar, till det mesta dock af egen tillverkning.

Här visas kvinnliga leksandskläder, huvudsakligen från ett och samma hem i Siljansnäs. Förrådet har kompletterats med några mansplagg ur museets samlingar.

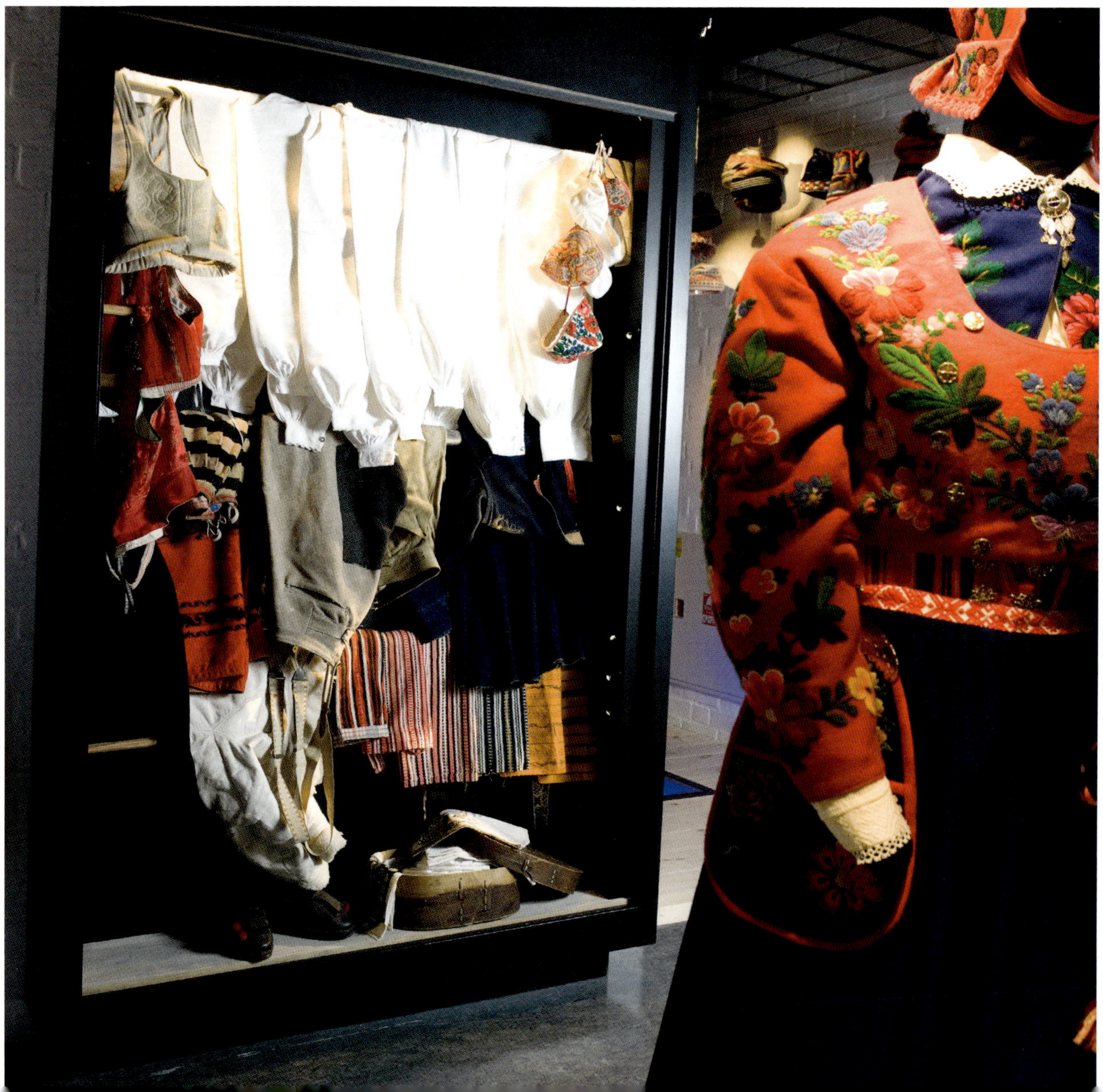

SJU ÖVERDELAR och en skjorta av olika vävnader. De äldsta hänger längst till vänster, den högra i nylontyg är tidigast från 1940-talet.

ÅTTA FLICKHÄTTOR av tryckt och otryckt bomullstyg och yllemuslin.

SKINNLIVSTYCKE för vardagsbruk. Maskinsydda prydnadssömmar. Fodrad med linnekypert, häktat i framkant och försett med bult att hänga kjolen på. Fodret är märkt M med grönt garn.

LIVSTYCKE i halvylle med ränder mot röd botten. Fodrat med bomullslärft och snörat genom tennmaljor. Bulten har försvunnit och ersatts med en kant av bomullstyg.

LIVSTYCKE av röd sidendamast med laskade broderier och kantat med gröna sidenband. Fodrat med bomullslärft. Snöres genom sex par tennmaljor. Nertill kantat med röd bomullssatin.

KJOL av svart kläde med linning av mönstervävt band.

UNDERKJOL i halvylle med randad övre del och inplockat mönster av noppväv i nedre delen.

ARBETSBYXOR av vadmal. Lagade och förstärkta med vadmalslappar över låren och stussen, försedda med hängslen.

BYXOR av gult sämskskinn utan dekorationslaskningar. Bred lucka med mässingsknappar.

LÅNGROCK, blåtröja. Sydd helt för hand av hemvävt och styckefärgat, blått ylletyg vävt i tuskaft. Infodringar av linnefärgat och rött kläde och häktad med sju par häkten. Axelkarmar vid ärmarna. Laskade broderier av beige silkesgarn.

SKINNTRÖJA med lammskinnsbräm. Tre par häktor i framkanten.

FÖRKLÄDEN, majder, av olika ålder. Tre långrandiga i rött, svart och vitt, det mest använda till Leksands kvinnodräkt. Det vänstra är ett flickförkläde. En långrandig majd i svart, vitt, blått och gult. Bärs i advent och i fastan. Två majder i gult med svarta ränder på tvären. Bärs i sorg, »allvarsdagar« och advent. Samtliga förkläden är vävda i halvylle, rosengång och är veckade mot mönstervävda midjeband.

SNÖRSLEJFSKOR med näverbottnar och slitsulor av läder. Snörningen har sämskade skinnremmar försedda med röda »tuppor«, däröver är plösen nervikt. Ornerade på bakstycket.

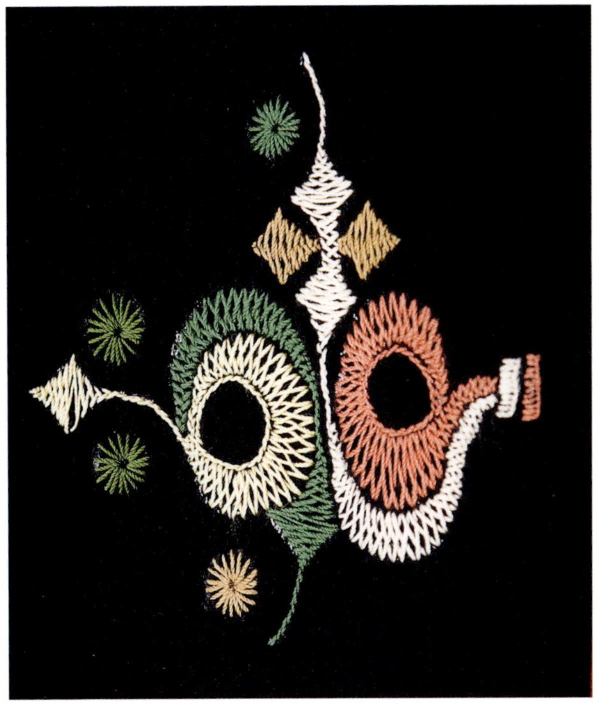

Leksands blåtröja har praktfulla laskningar i silkesgarn. Denna figur pryder framstycket i höjd med nedersta häktparet.

Längst ner till höger i montern står en timpask med 25 »käringhattar«(för gift kvinna) av olika finhetsgrad. De kan vara sydda av linne eller halvlinne, ofta i daldrällsvävnad, slätt bomullstyg eller köpetyg med mönster. De finaste, krushattarna, har ett broderi som löper längs framkanten. Några har också knypplad spets ytterst. I timpasken ligger också:

TVÅ MÖNSTERVÄVDA BAND i svart bomull och vitt silke – ett till hatten, det andra för snörning av livet.

HALSKLÄDE av yllemuslin med bård och prickmönster på spegelpartiet.

SVARTSTICKSHALSKLÄDE med silkesbroderier på bomullsbotten. Försedd med en »tuppa«.

HILK, huvudbonad för vardagsbruk, sydd av halvlinne i daldräll.

TVÅ SLÄNGKLÄDEN (se leksandskvinnan i sorg i högtidsmontern på sid 55) i samma material.

BRUDBÄLTE av svart sammet med 27 påsydda tennbeslag.

STICKNING

Ett arkeologiskt fynd i Falun 1974 ledde till ökad kunskap om tvåändsstickning. En sargad fingervante hittades på Borns hyttegård under sådana omständigheter att man med säkerhet kunde fastslå att den hamnat där före 1680. Den är därmed ett av Sveriges äldsta, stickade föremål.

Det var när man såg avigsidan, med sin tvärrandiga karaktär, som forskningen kring detta sticksätt tog fart. Eftersom många utövare av tvåändsstickning ännu levde blev de viktiga informanter kring denna teknik. Vi vet exempelvis att spridningsområdet i första hand är övre Dalarna och en bit in i angränsande landskap medan Bergslagsområdena tycks ha använt sig av enkel stickning tidigt.

1989 gjordes ännu ett fynd av ett par tvåändsstickade fingervantar från 1600-talets Falun, nu i nedre Elsborg.

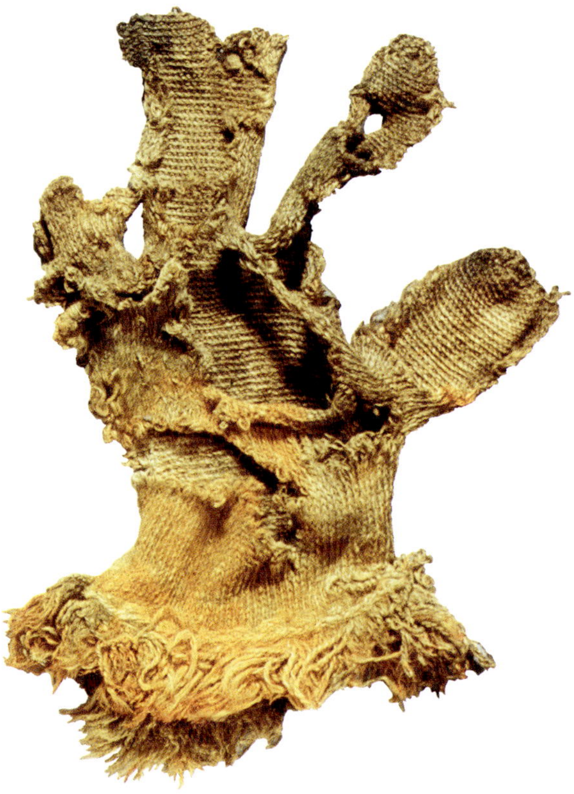

Den så kallade Faluvanten som den såg ut när den grävdes fram på Borns hyttegård i Falun 1975. Genom de stora hålen syns den karaktäristiska, tvärrandiga avigsidan som är utmärkande för tvåändsstickning.

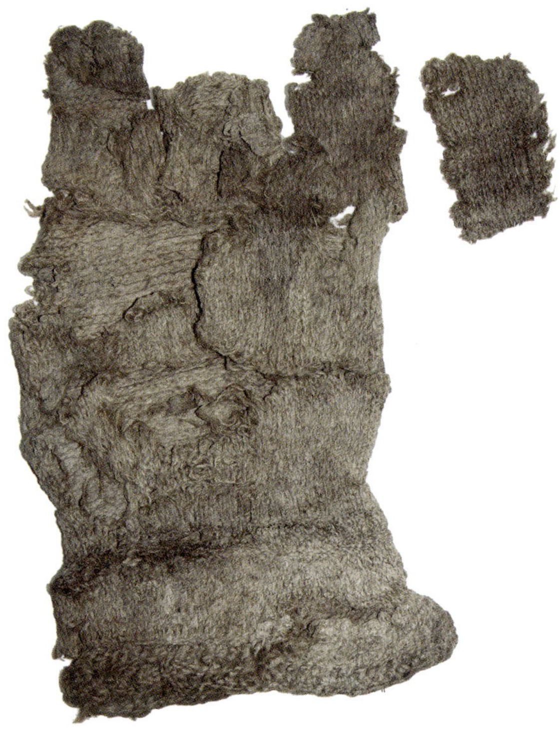

Två tvåändsstickade vantar från 1600-talet blev arkeologernas fynd vid grävningar i kvarteret Bergsfogden 1988. Dessa fragment har visat sig vara från 1600-talets första del, alltså ännu äldre än Faluvanten.

Strumpor

Strumpskaften gjordes enkla till vardagsbruk medan finplaggen krusades vid övre kanten, vid vristen och mitt bak. Oftast färgades strumpan när den var färdigstickad. Det vanligaste var att man gjorde foten i ett grövre garn. När den slets sönder stickade man vid en ny fot. Viktig var också hällappen som skyddade mot slitage.

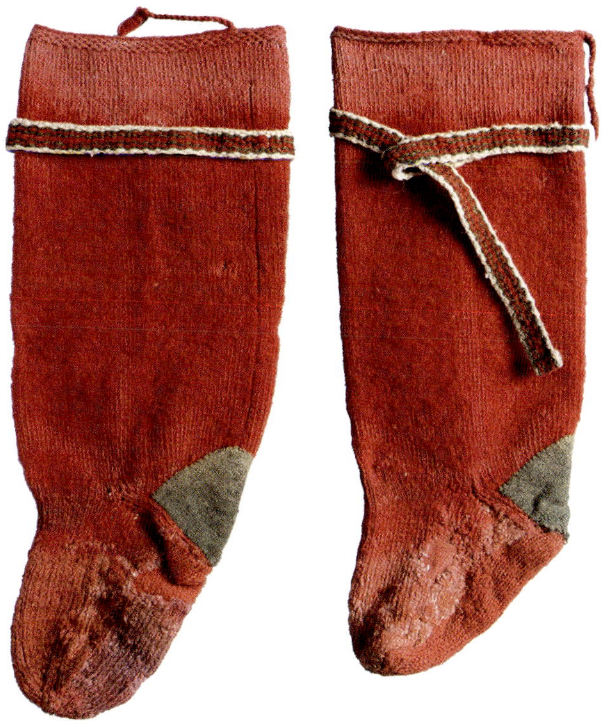

Moderiktiga flickstrumpor från Rättvik. De har vida skaft typiska för Rättvik-Boda, är tvåändsstickade i vit ull och styckfärgade. De har försetts med påsydda knäband och gröna hällappar av grön vadmal.

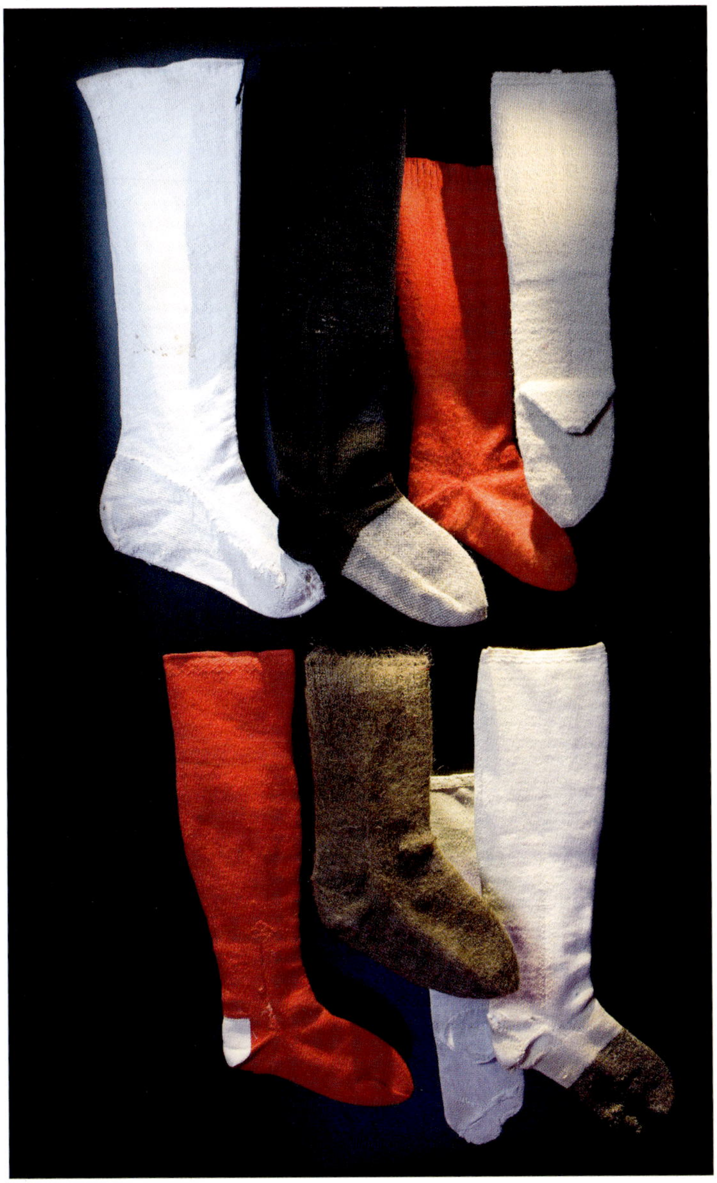

ÖVERST FRÅN VÄNSTER

MANSSTRUMPOR sydda av grovt, kypertvävt linne. Från Hamsgården, Enviken.

MANSSTRUMPOR, tvåändsstickade i tvåfärgat ullgarn med grått och brunt ullgarn i tån. Hällapp av svart kläde.

KVINNOSTRUMPA, enkelstickad i rött ullgarn. Bjursås.

KVINNOSTRUMPA av hemspunnet, naturvitt ullgarn. Fastsydd lapp inuti, märkt KH.

KVINNOSTRUMPOR, tvåändsstickade med dekorativ vristkil och hällapp av sämskskinn. Venjan.

STRUMPA, enkelstickad av människohår.

KVINNOSTRUMPA, tvåändsstickad av vitt bomullsgarn. Hällapp av hemvävt linne. Leksand.

MANSSTRUMPA, tvåändsstickad av vitt ullgarn, tån av grått garn. Rikt mönstrad upptill på skaftet, mitt bak och vid vristen. Hällapp av kypertvävt ylle. Venjan.

BENHOLKAR, tvåändsstickade av rött ullgarn. Använda vid Hamsgårdens fäbod, Tängerkölen, Enviken.

URKLIPPT STYCKE ur ärm och hällappar, avsprättade för återanvändning.

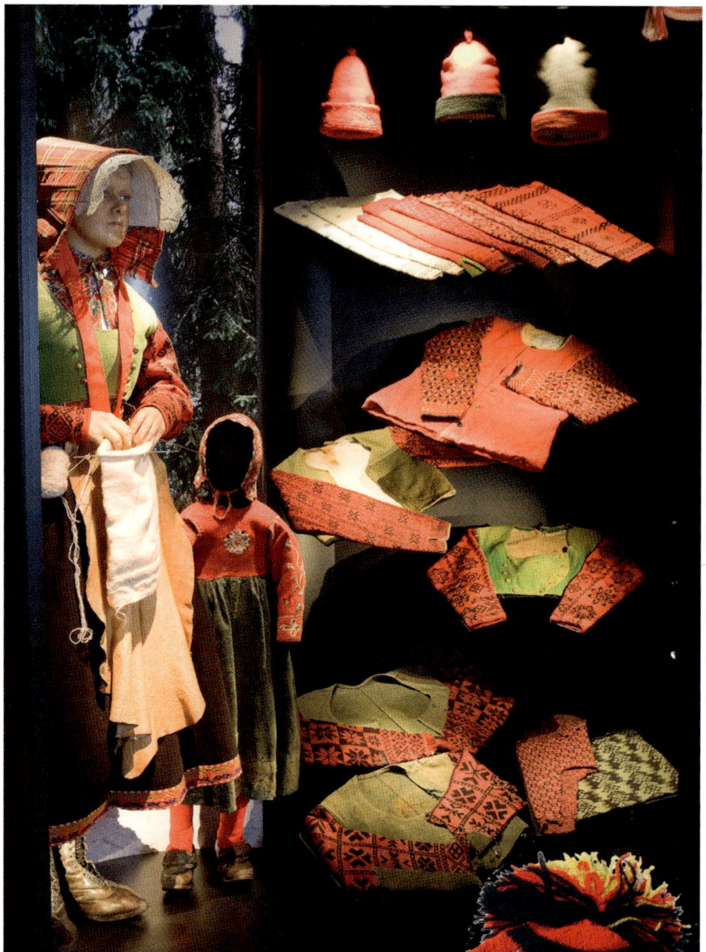

Vallkullan och lillflickan

Kvinnorna hade i vardagslag alltid ett arbete i händerna under gång eller vid vallning. Det var viktigt att ta vara på tid och ljus. Behovet av arbetskläder var stort och nygjorda vantar och strumpor lades på hög för framtida användning. De togs i bruk först när de gamla inte gick att laga mera.

Vallkullan från Dala-Floda bär hatt med spets, däröver »kråka« sydd av hemvävt, rutigt bomullstyg och förstärkt med träspröt. I halsen krage av rödbottnad, tryckt kattun, sammanhållen med ett lövspänne. Hon har stickärmströja som ytterplagg, svart, slät yllekjol med ett mönstervävt ylleband i nederkanten, förkläde, skinnmajd, och ett knivskedon med nålhus och kniv. På fötterna röda yllestrumpor och snörkängor.

Den lilla flickan är klädd i virkad hätta i flera färger och flickkolt med grön kjoldel och broderad överdel av ylle, röda strumpor och näverbottnade skor.

TRE »NORGESLUVOR« för män. De populära mössorna tillverkades vid Enighetsfabriken i norska Österdalen. De togs oftast hem av forkörare som köpte dem av en handlare i Röros. Fabriken lades ner 1797. Mössorna har inspirerat stickerskor också på den svenska sidan. De norska känns oftast igen på sitt bräm med öglor. De benämndes i Nås och Äppelbo »rukhättor«.
STICKÄRMSTRÖJORNA, eller stickgärdströjorna, med köpetyg i livdelen och tvåändsstickade ärmar har brukats som vardagsplagg i flera socknar. De blev kvar längst i Västerdalarna. Ärmarna har efterhand fått ortstypiska mönster som gör det lätt att skilja en flodaärm från en gagnefsärm. Kvinnotröjorna var midjekorta medan karlarnas var lite längre.

TVÅ OFÄRGADE ÄRMAR från Gagnef, två rödfärgade ärmar från Gagnef, en röd ärm från Svärdsjö och tre rödfärgade ärmar från Dala-Floda.
RÖD MANSTRÖJA från Svärdsjö, kvinnotröja från Gagnef och en kvinnotröja från Dala-Floda.

OFODRAD KVINNOTRÖJA, troligen från Nås.
OFODRAD KVINNOTRÖJA, troligen från Dala-Floda.
TVÅ BITAR UR ÄRMAR, sparade som lappvirke.

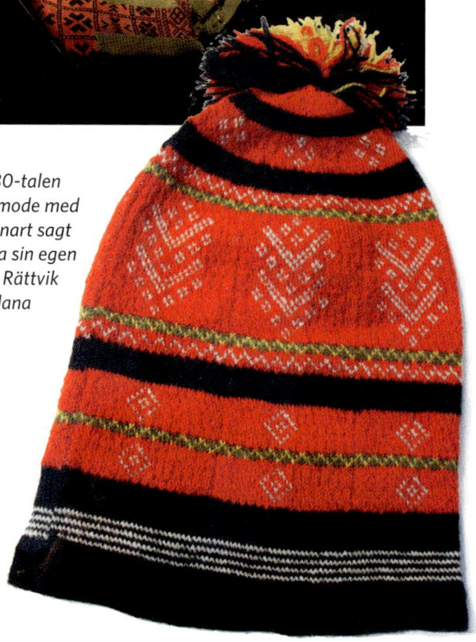

Under 1970- och 1980-talen spreds i Dalarna ett mode med stickade toppluvor. Snart sagt varje socken skulle ha sin egen luva liksom Leksand, Rättvik och Bjursås hade sådana av gammal modell. Några av dem kan beskådas i taket. Till höger bjursåsmössan.

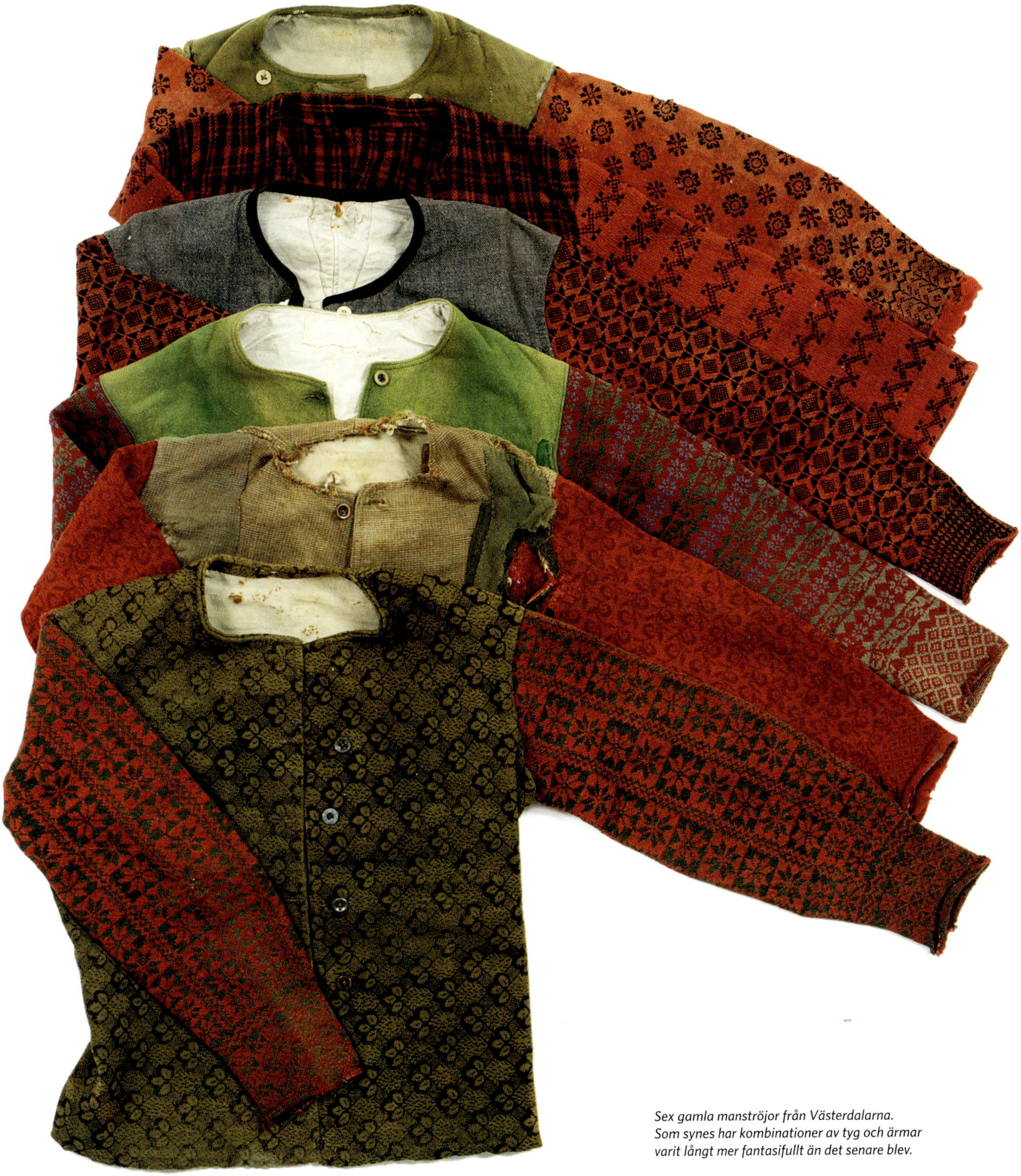

Sex gamla manströjor från Västerdalarna. Som synes har kombinationer av tyg och ärmar varit långt mer fantasifullt än det senare blev.

NYA DRÄKTER – EXEMPLET STORA KOPPARBERG

Dalarna fick ett tjugotal nya sockendräkter under 1900-talet. Idéer och inspiration hämtades från äldre modekläder och från andra sockendräkter och dräktdelar. Runt residensstaden Falun låg Stora Kopparbergs socken. Med tanke på det omfattande bergsbruket, den stora inflyttningen och den heterogena befolkningen i staden hade här aldrig varit en naturlig miljö för sockenkläder. Under 1940-talets slut enades man om att anskaffa en sockendräkt och den skulle vara klar till kungaparets besök i Falun 1953.

Den viktigaste inspirationskällan till Stora Kopparbergsdräkten var den »ungmorsklänning« från byn Rog som ses i mitten av montern. En sådan fick den nygifta bära för första gången dagen efter bröllopet. Den i sin tur är en variant på ett folkligt mode som rådde i hela landet vid 1800-talets mitt (till vänster).

Den nya dräkten, som blev till Faluns egen, röstades fram med stor majoritet. Den hade då fått överdel med vita ärmar, livstycke och andra detaljer som man ansåg hörde en sockendräkt till.

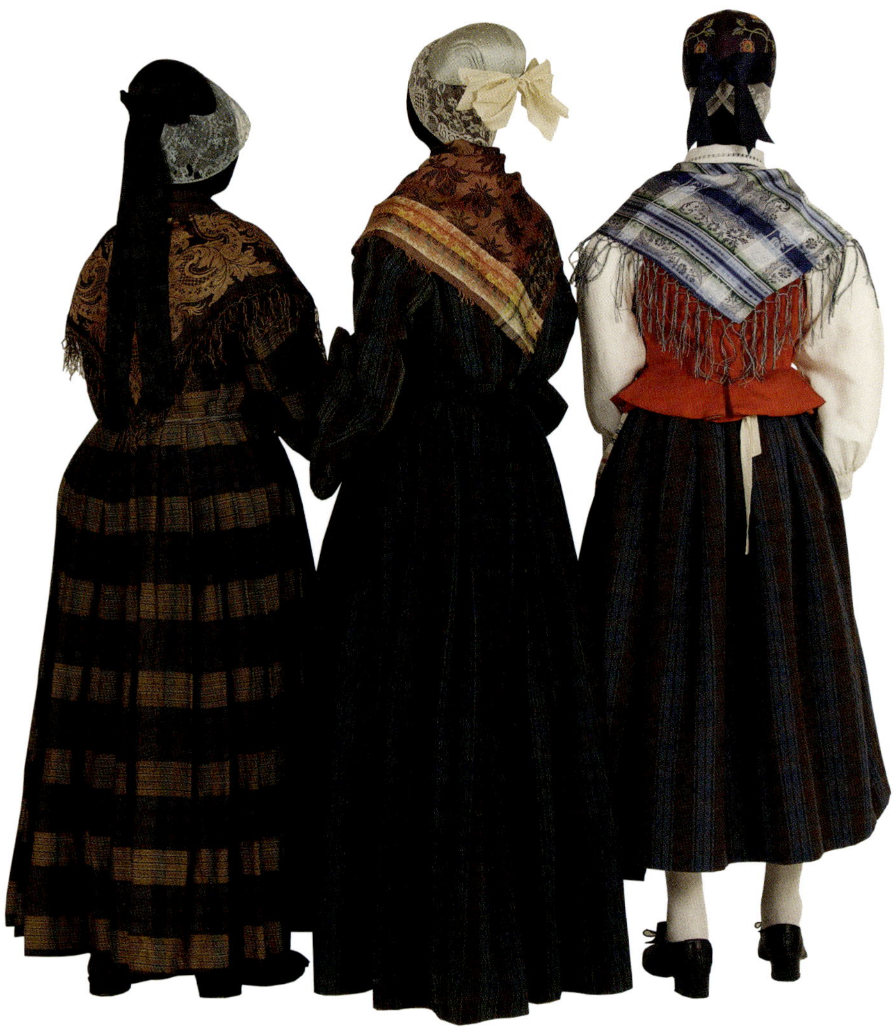

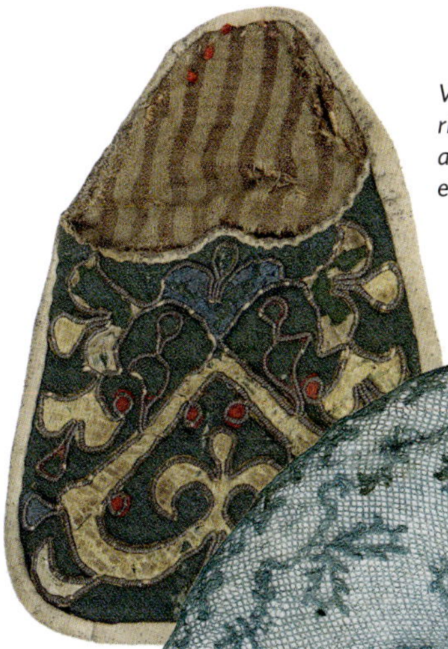

Väska från Svärdsjö med tenntrådsbroderier. Mönstret har blivit förebild för flera av kjolsäckarna i omgivande socknar, exempelvis för den i Stora Kopparbergs.

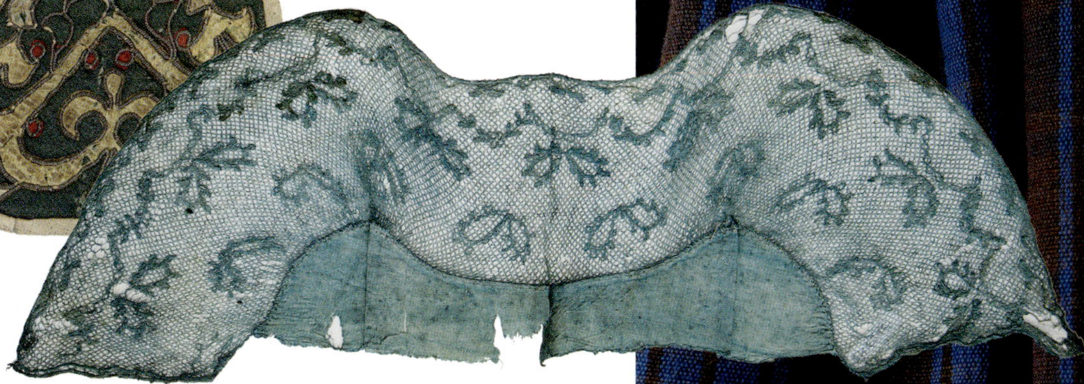

Mösstycke med broderier i trädd tyll. Stycket är färgat med »blåelse«, en dyrbar färg som innehöll ultramarin och användes bland annat för att ge gulnade textilier ny fräschör.

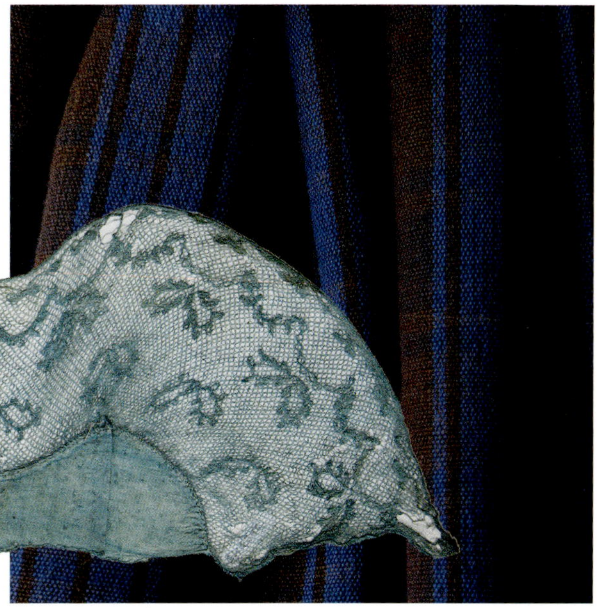

Halvylletyget i blått och brunt används till Stora Kopparbergsdräktens kjol och tröja. Tyget är kopierat från klänningen från Rog.

Klänning i folkligt mode

BINDMÖSSA, liten svart med svarta, hängande sidenband och blåfärgat stycke i trädd tyll. Under mössa och stycke ett blåfärgat strykband.

KLÄNNING av rutigt ylletyg med mönstereffekter i rött och grönt. Ärmarna avslutas neråt med bruna sammetsband. Sydd av Karin Thunstedt, Falun (1816–1902), maka till en man anställd vid Bergslaget.

TUNN, VIT BLUS bärs underst. Den har spets på krage och handlinningar.

SIDENSJAL med nyrokokomönster och rutigt sidenförkläde.

BROSCH av svarta glaspärlor. Har tillhört Karin Eriksson, Falun.

STRUMPOR, svarta, tunna.

LÄDERSKOR i brunt och svart.

»Ungmorsklänningen« från Rog

BINDMÖSSA ljust blå med stor, ljus sidenrosett i nacken och vitt, plisserat, stycke av trädd tyll.

TVÅDELAD KLÄNNING av halvylle i blå och bruna nyanser. Troligen sydd på 1870-80-talet. Denna klänning från Rog har stått modell till sockendräkten i Stora Kopparbergs socken. Klänningen var utställd på Hushållningssällskapets stora hemslöjdsutställning i Falun 1927. Den ägdes då av fröken Mathilda Nordanberg, Grycksbo.

SIDENSJAL med rutig bård och invävda blad på spegeln och rutigt sidenförkläde med blommönster.

BROSCH av virade och lödda trådar och röda glaspärlor.

Kvinna i Stora Kopparbergsdräkt

BINDMÖSSA av lila atlassiden, broderad med blommönster i kedjesöm. Svart sidenrosett. Stycke av trädd tyll.

ÖVERDEL i tuskaftat linne med hålsömsbroderier och nuggor vid krage och ärmlinningar som sluts med manschettknappar av silver.

KJOL OCH TRÖJA av blå-brunrutigt halvylle, hämtat från klänningen från Rog.

FÖRKLÄDE av ljus, tuskaftad bomull med roströda, gula och blå ränder i rosengång.

LIVSTYCKET i rostrött halvlinne snöres med snodd i samma färg genom fyra par silversöljor.

SIDENSJAL importerad från Österrike. Den fästs ihop med en tennsölja.

KJOLVÄSKAN med applikationer i ylle på mörkblå yllebotten fästs i kjollinningen med en silverhake. Den bär tydligt släktskap med de två kjolväskorna med applikationer och tenntrådsbroderier som har sin härkomst i Svärdsjö.

VITA STRUMPOR och »Brita-skor«. Dessa har resårer i kanterna för en bra passform.

SMÅDOCKORNA

Dalarnas Fornminnesförening inledde sin verksamhet 1862. Kort därefter anskaffades dockor för att dokumentera sockendräkterna i 14 socknar. Ofta var det sockenprästen som förmedlade kontakten mellan Fornminnesföreningen och sykunniga på orten. Några av dockorna kan ses här.

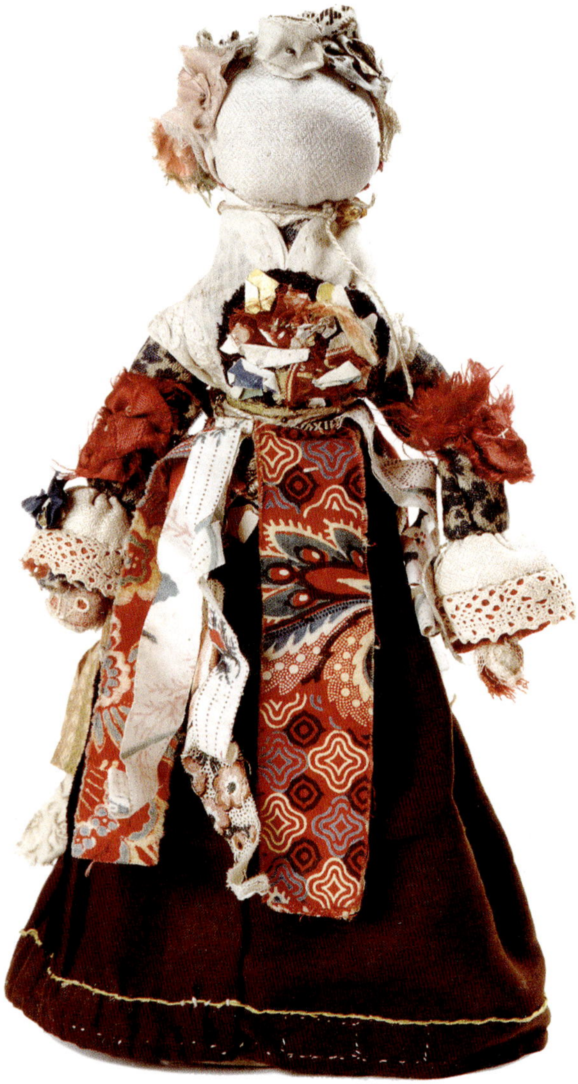

Längst upp till vänster i montern står en liten docka från Leksand, smyckad som kronbrud. Hennes överdel av ylle är tryckt med blå blommönster och kjolen är sydd av svart ylletyg Den har fått sin stadga av ett stycke dalmålning, rullad som en strut.

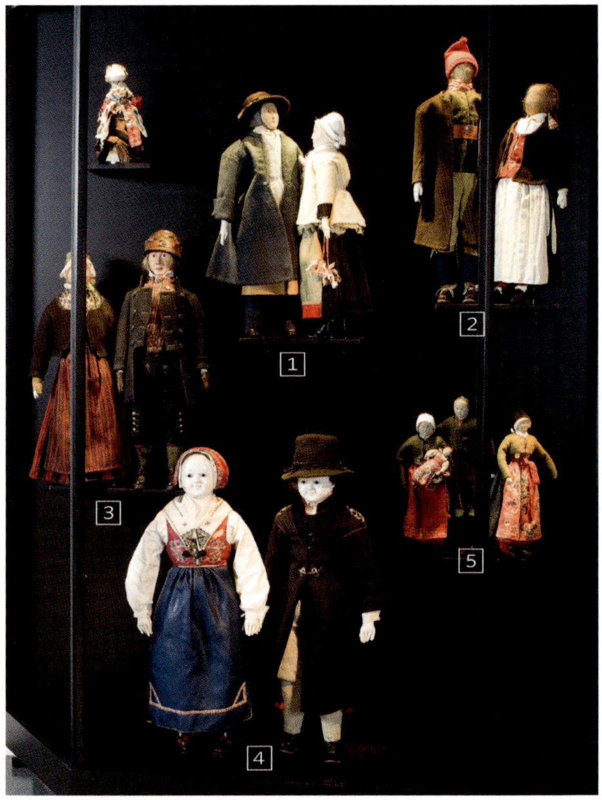

1 **HÖGTIDSKLÄTT PAR FRÅN ORSA**. Kvinnan bär den fint rynkade hustruhatten, vittröja över pälströjan, kasungen, och grönt raskförkläde. Mannen bär långrock av mörkblå vadmal och lågkullig hatt.

2 **PAR FRÅN ORE** klädda i högtidskläder. Mannen bär kyrkrock och norgesluva, kvinnan ljust linneförkläde och håret uppbundet med mönstervävt band.

3 **PAR FRÅN STORA TUNA**. Mannen bär tunafrack och skinnkaskett, kvinnan bindmössa och halskläde av kattun. Hennes förkläde är vävt i randig halvyllerips.

4 **BRÖLLOPSKLÄTT PAR FRÅN LEKSAND**. Mannen bär blåtröja och hög hatt, kvinnan den blå raskmajden.

5 **FAMILJ FRÅN RÄTTVIK**. Den gifta kvinnan till vänster har hustruhatt, svart tröja och rött förkläde i halvylle. Hon bär på ett gossebarn (mössan har kilar). Mannen har blåtröja och den ogifta kvinnan till höger bär lönnhätta av sammet, grön friströja och rödbottnat kattunsförkläde.

HUVUDBONADER & BRUDHANDSKAR

Hatten visade mannens status och kvinnans civilstånd. Länge omhuldades de låga, rundkulliga hattarna i männens mode. Finast ansågs det vara att bära hatt i modernt snitt, köpt i staden.

Hustruns hatt var ofta mjuk, av linne eller bomull och försedd med karaktäristiska särdrag för varje socken. Under den skulle allt hår strykas in för att ge henne ett sedligt utseende.

De silkesbroderade brudhandskarna var en gåva från fästmannen. De inhandlades i Falun eller någon sykunnig på orten. Ibland kunde man köpa sådana av en kvinna i Djursholm, som broderade fingerhandskar för försäljning. Efter giftermålet användes handskarna vid högtidstillfällen livet ut. Ibland följde de kvinnan i den sista vilan.

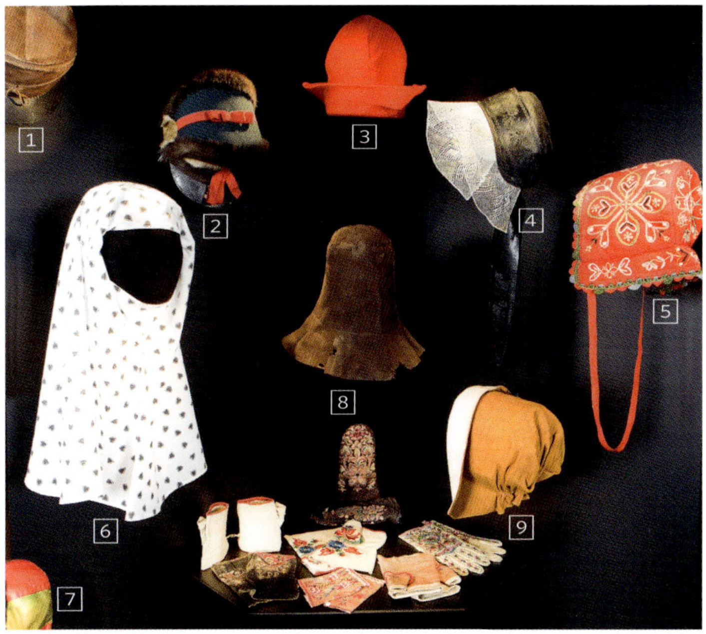

1 **LÄDERKASKETT** som var ett omhuldat modeplagg under 1800-talets första del.

2 **VINTERMÖSSA** av vadmal, skinn, pälsremsor och ylleband och skärm av tjärad papp, så kallad remshätta eller busshätta. Rättviks socken.

3 **RÖD MANSMÖSSA**, maskinstickad av ullgarn. Tillhör hedemoradräkten, som rekonstruerades 1905.

4 **SVART, MJUK BINDMÖSSA** med band, båda av sidendamast och med vitt, brett knypplat stycke, knytning. Bjursås socken.

5 **HÄTTA MED PÅSÖM**, sydd och broderad på en gammal maskinstickad norgesluva. Dala-Floda socken.

FOTOGRAFI av Anders Zorns akvarell Mormor. Kvinnan är klädd i traditionella morakläder och bär på huvudet en hustruhatt, kelinghatt, avsedd att dölja allt hår. Ovanpå allt detta bär hon en utanpåhatt. Det målade originalet ägs av Zornsamlingarna i Mora.

6 **SLÖJA** för iransk kvinna. Avsedd att dölja allt hår.

7 **RÖD OCH GRÖN POJKHÄTTA**, sydd av kilar i sidensatin. Blecket, Rättviks socken.

8 **MANSHATT** från 1600-talet, tillverkad av filtad ull. Funnen vid arkeologisk utgrävning i kvarteret Bergsfogden i Falun 1988.

9 **GULLUVA**, urvädersluva, avsedd att bära utanpå annan huvudbonad vid otjänligt väder. Risa, Leksands socken.

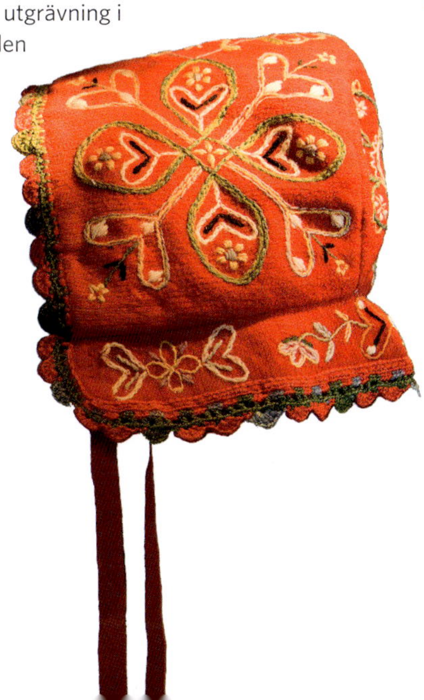

TUMVANTAR fodrade med killingskinn och rikt broderade med silkesgarn. Dala-Floda socken.

GULA HALVHANDSKAR med laskat mönster. Upptill kantade med röd klädesbård.

VITA, LÄNGRE HALVHANDSKAR av sämskskinn med påsöm i silke. Dala-Floda socken.

SVARTA HALVHANDSKAR av sämskskinn broderade med silkesgarn. Besättningar av rödbottnad kattun. Märkta KPD (Kerstin PersDotter). Kapellsbyn i Mockfjärd, Gagnefs socken.

ROSARÖDA HALVHANDSKAR av skinn prydda med silkesbroderier och paljetter. Okänd härkomst.

HALVHANDSKAR av rödbrunt skinn med vit kant. Sparsamma broderier med silkes- och ullgarn. Bjursås socken.

FINGERHANDSKAR av skinn, broderade med silkesgarn och paljetter. Okänd härkomst.

SKOR

De vanligast förekommande skorna bland allmogebefolkningen har varit så kallade svenskskor. Sulan var uppbyggd av flera lager näver. Ytterst lades en slitsula av läder. För att förlänga livslängden på skon spikades kraftiga skospikar av järn, skållor, på. Detta gjordes både på barnskor och kvinnoskorna med indragen klack. Mycket smidigare var de pliggade tyskskorna, med sina smidigare lädersulor.

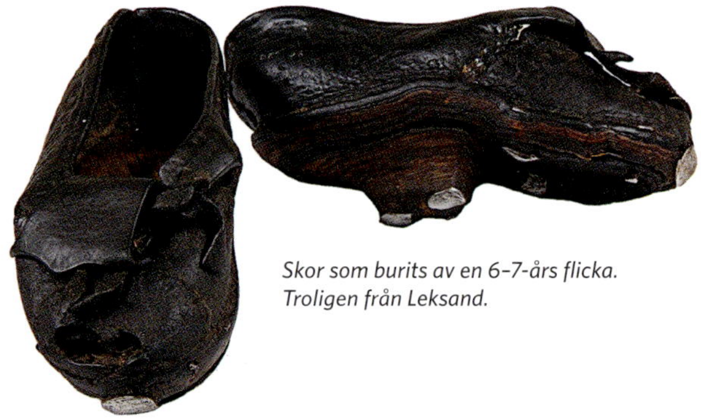

Skor som burits av en 6–7-års flicka. Troligen från Leksand.

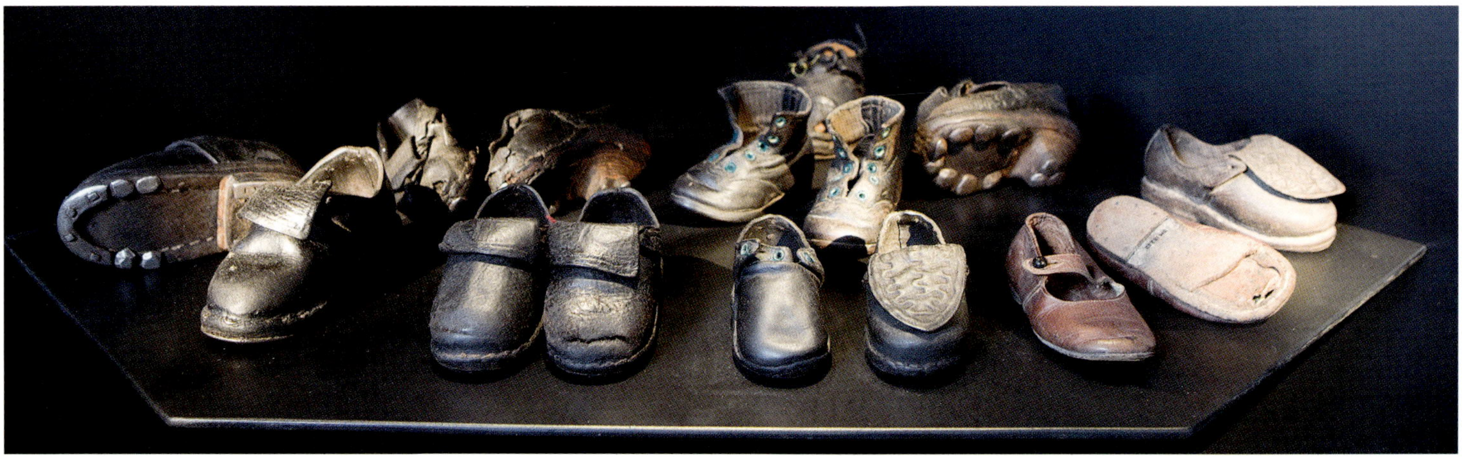

På hyllan längs framkanten från vänster:

BARNSKOR med näversulor och kraftiga järnbeslag, skållor. Okänd härkomst.
POJKSKOR med näversulor. Okänd härkomst.
BARNSKO med sula av näver och läder. Okänd härkomst.
FLICKSKO med sula av näver och läder. Rättviks socken.
BARNSKO i ljusbrunt skinn och lädersula. Okänd härkomst.
FLICKSKO med sula av näver och läder. Rättviks socken.

Baktill från vänster:

FLICKSKOR med näversulor och indragen klack. Kraftiga järnbeslag. Troligen Leksands socken.
FLICKSKOR med näversulor och indragen klack. Okänd härkomst.
BARNKÄNGOR, pliggade. Gröntuv, Gagnefs socken (i mitten).

Nederst längs framkanten från vänster:

»TUPPSKOR« med röda ulltofsar och prägling i ovanlädret. Sulor med klack- och tåjärn. Dala-Floda socken.
GALOSCHER av läder. Dalsjö, Stora Tuna socken.
KVINNOSKOR med slejfar och spännen. Okänd härkomst.
LAGREN FRÅN EN NÄVERSULA, funnen i Falun.
TRE HÖGHÄLSSKOR, pluttskor, med näversulor och kraftiga järnspikar. Rättviks socken.

Baktill från vänster:

SNÖRKÄNGOR med näverbottnade sulor. Okänd härkomst.
»HUPPSKOR« med näverbottnade sulor och mönstrade järnspännen. Mockfjärd, Gagnef.
SKOPAR där en sko saknar plös. Sulor av näver och läder. Okänd härkomst.

LIV OCH ARBETE

Slitna och lagade arbetskläder har oftast slängts bort. När nya plagg skapades, lades dessa som stapelvara och togs i anspråk först när de gamla var så trådslitna att de inte längre kunde lagas. Att lappa, sticka vid strumpfötter, sy om kläder och ta vara på materialet vittnade mera om god hushållning än om fattigdom. En stor del av kvinnornas tid gick åt till att hålla familjen med kläder. Det var också viktigt att skilja på arbetsplagg och finkläder.

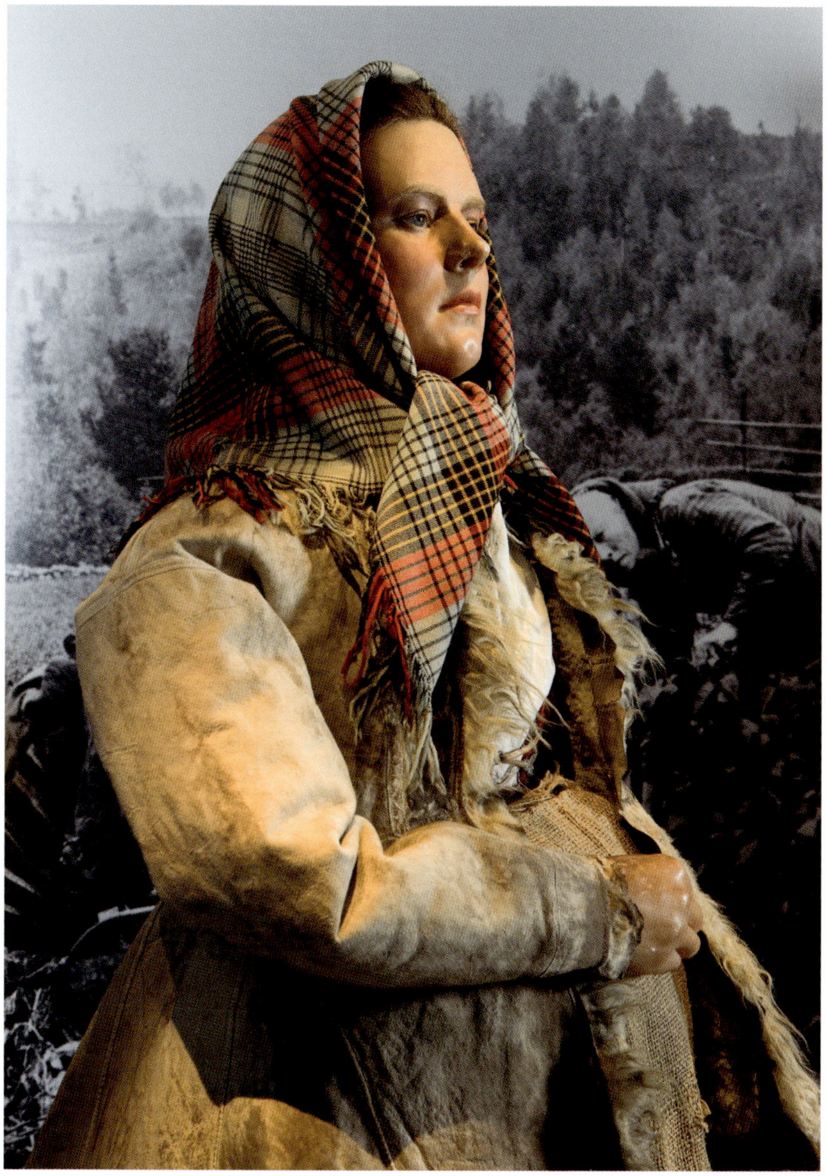

Bakgrundsbilden: Potatisupptagning i Rättvik omkring 1900.

Ju smutsigare arbeten desto enklare plagg. De gamla skinnplaggen blev med tiden mycket slitna och smutsiga. De kunde då få göra tjänst vid grovarbeten. De hade ju också värmande päls på insidan, en fördel vid höstens sena utomhusarbeten.

HUVUDDUK av hemvävt, rutigt ylle.
HÄNGSELSÄRK av grovt halvlinne.
ÖVERDEL av kraftigt, halvlinne, vävt i kypert.
HALSKLÄDE av rutig bomullsväv.
LIVKJOL med överdel i rött halvylle, vävt i korndräll. Livet snörs med läderrem genom tennmaljor. Kjoldelen är sydd av getskinn med pälsen kvar på insidan. Svart list av kläde i nederkanten.
PÄLSTRÖJA, kasung, med pälsen kvar på insidan.
FÖRKLÄDE av säckväv.
STRUMPOR av ofärgad, grå ull och grova kängor.
ARBETSREDSKAPEN är en trekloig potatishacka med kort skaft och ett laggat ämbar av trä.

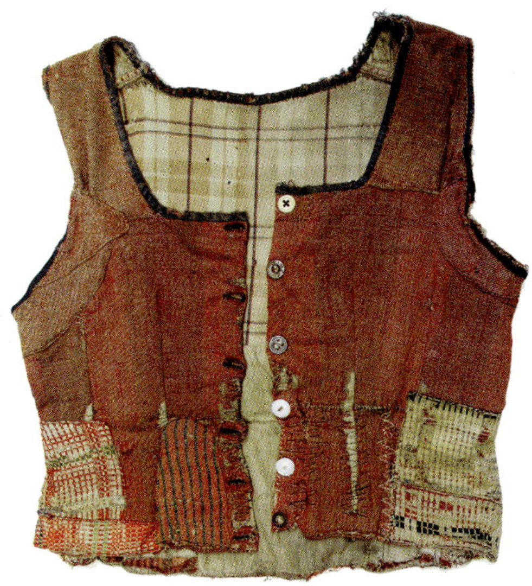

Det hemvävda livstycket har lagats så många gånger att endast mindre partier av ursprungstyget är synligt. Leksands socken.

Forkörarens utrustning

Det har varit mycket vanligt att forbönder, det vill säga bönder som vid sidan av sina jordbruk har drivit handel, färdats med häst och släde mellan olika marknader. Ofta var det marknaden i Röros som lockade dalfolk. Eftersom de smidigaste transporterna kunde ske på vinterföret krävdes bra kläder och utrustning. Det vanligaste var att klä sig i en rejäl päls och att ha med sig fällar och åkläden.

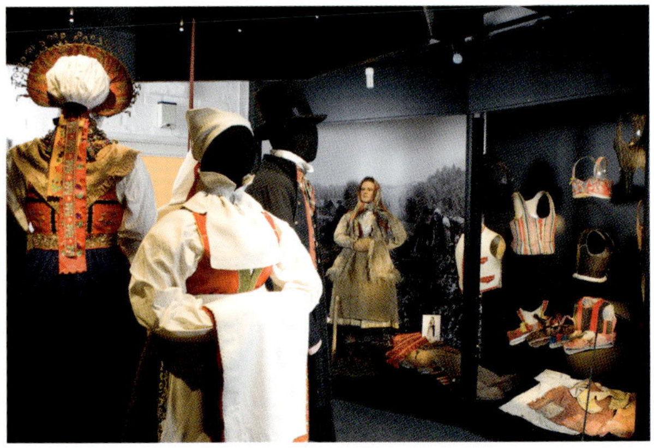

PÄLSBAND av mönstervävt ylle. Bandet som mäter 5,7 meter lades bakom nacken, drogs fram i kors över bröstet och ett eller flera varv runt midjan. Se Nils Månsson Mandelgrens teckning av »pälsklädd dalmas« från hans resa i landskapet 1869. Ur Mandelgren i Dalarna av Bengt Jacobsson.

1 **TUMHANDSKAR** av skinn, körhandskar, med grå, tvåändsstickade tumvantar inuti.

PLÅNBOK i präglat skinn. Använd vid forkörning.

2 **STÖVLAR**, stickade av hårgarn och med skor av läder. Avsedda att dra över skor och byxor för att hålla värmen. Stövlarna knäpps med gustafsknappar i sidan och är försedda med skinnremmar till att fästa dem i bältet med.

ÅKLÄDE i halvylle, vävt i ripsbindning och rosengång.

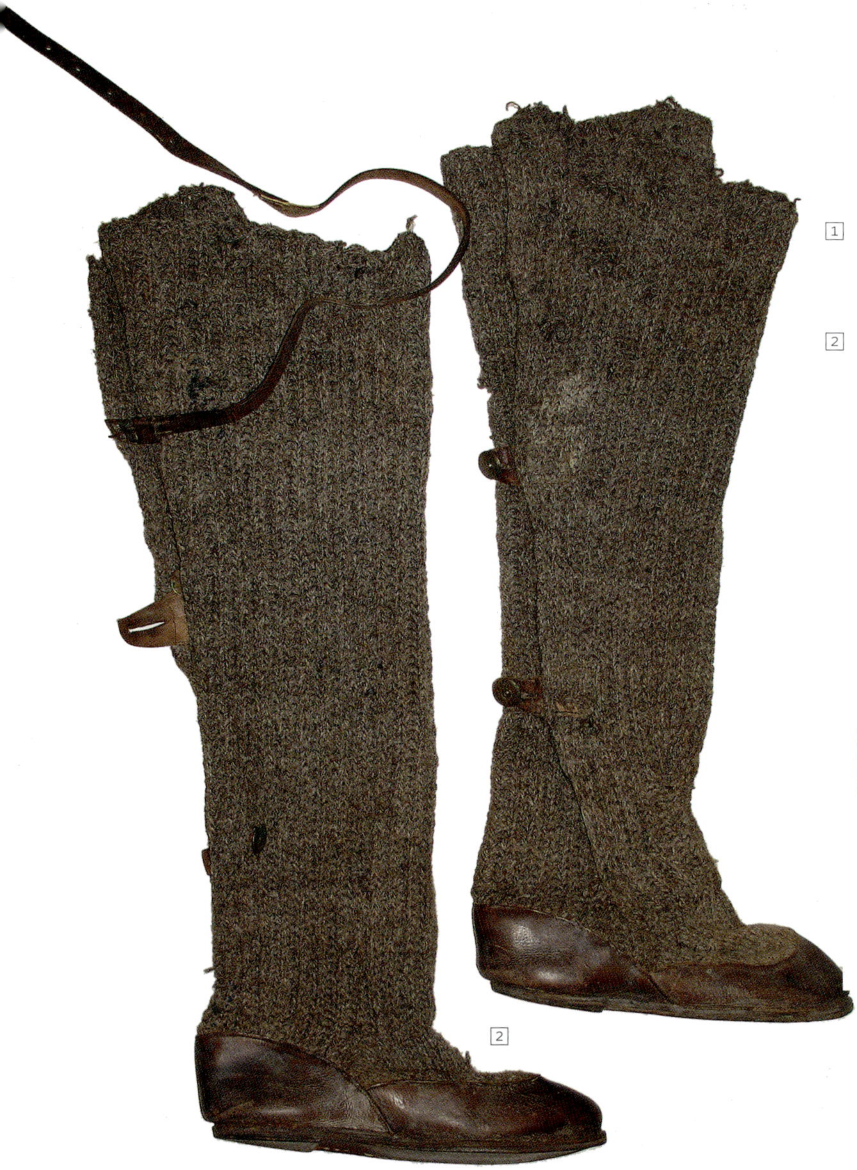

2

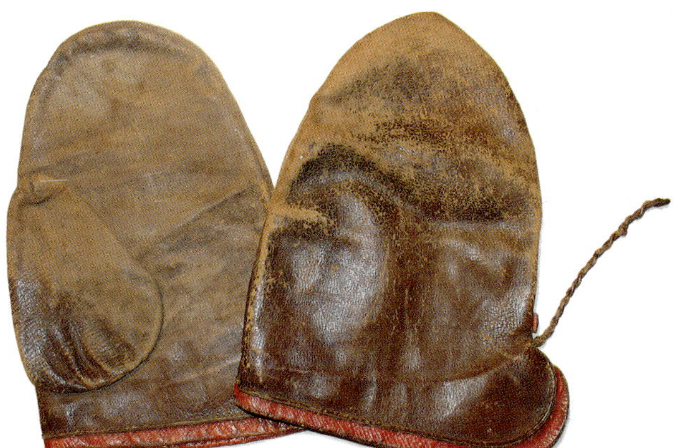

1

LIVSTYCKEN

Liv, livstycke är äldre benämningar på väst. Kjol med löst liv uppträdde först under början av 1500-talet och fanns i det folkliga modet i 500 år. De flesta ägde många livstycken, ofta av skinn till grövre sysslor och finare tyger, exempelvis brokader eller damast av ylle och siden till helgdags. I vissa socknar har den äldre formen med sammansytt liv och kjol, livkjol, bevarats till våra dagar.

1 **MANSLIVSTYCKE** i gult sämskskinn. Tre fickor med besättningar i rött kläde. Dekorativa maskinsömmar är ett signum för sockendräkten i Gagnefs socken.

2 **MANSLIVSTYCKE** i svart vadmal, dubbelknäppt med ståndkrage, stolpfickor och helfodrad med randigt bomullstyg. Syrholn, Dala-Floda socken.

3 **KVINNOLIVSTYCKE** i randigt kalminktyg, fodrat med linnelärft. Snöres genom elva tränsade hål. Dala-Floda socken.

4 **KVINNOLIVSTYCKE**, snörvil, i rödbottnad kattun. Fodrat med linnelärft. Boda socken.

5 **KVINNOLIVSTYCKE** i svart ylledamast, broderat med grönt silke. Fodret av linnelärft fortsätter nertill runt bulten. Leksands socken.

6 **KVINNOLIVSTYCKE** av randigt ylle- och silkestyg. Det har två flikar med insydda järntenar avsedda att ligga utanpå förklädet. Fodrat med linnelärft. Okänd härkomst.

7 **LIVKJOL** med liv och kjol av olika yllekvaliteter. Knäppt med fyra mässingsknappar. Svärdsjö/Envikens sockendräkt.

8 **FYRA SNÖRVILAR** från Rättviks socken. Från vänster: Av röd och svart yllebrokad, av garvat getskinn, av blå yllebrokad samt av yllebrokad i rosa och vitt i ett typiskt 1700-talsmönster.

9 **LIVDEL** till barnkolt. Bjursås socken.

Längst ner till höger:

10 **SÄRK** av halvlinne, lagad med mer än 50 lappar av bomull och linne. Använd in på 1950-talet. Leksands socken.

11 **LIVSTYCKE** av rött, hemvävt ylletyg. Mycket lappat och lagat. Leksands socken.

12 **LIVDEL** med ärmar till gulkjortel, Bjursås socken.

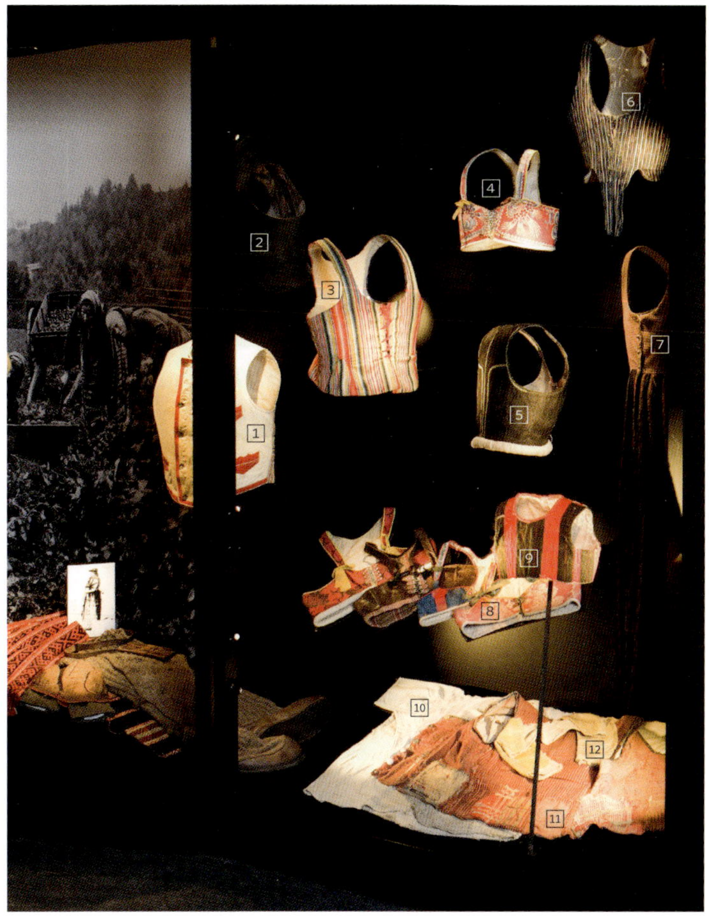

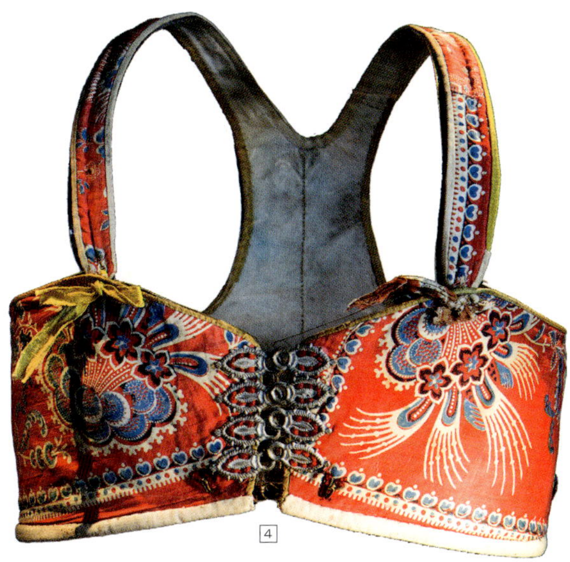

FILMER

Arbetskläder och sockendräkter visas på stumfilm. I filmen ingår också scener med olika hantverk. Materialet är inspelat mellan 1926 och 1968.

Fotograf, där inte annan angetts: Sven Nilsson, Falun.

Djura hembygdsgård inviges. Dräktparad anordnas av Anna Haag. Foto Sven Florén, 1939
Konfirmation i Leksand, pingstdagen. 1951
Finkläder: Examen i Dicka, Konfirmation i Folkärna, Kryckeståt. Foto Helge Hagström, 1938
Biskopsvisitation Djura kapell. 1951
Jungfrutur och dop med den nya kyrkbåten Grannlåten. 1953
Rättviks marknad. 1951
Clas Ohlson, Insjön. 1951
Hemmatvätt eller andelstvätt. Foto Paul Berge, 1946
Herdins färgverk. 1951
Skoputsmaskinen och rakbladsapparaten för den välklädde mannen. 1951
Vardagskläder. Foto Helge Hagström, 1938
Miss Europa 1956 besöker Rättvik.
Midsommar på Sollerön. 1951
Hårarbete och korgflätning i Våmhus. Foto Martin Jönsson, 1964
Siljansflickan och Lidudagen, W68 i Rättvik. 1968
Fritid på travbanan. 1968
Scener från Gagnef ur »En Gagneffilm om dräktbruk och gamla arbetsseder i socknen«. 1966
Scener från »I Dalarnas Lappmarker«. 1949
Ullskrubbning och kardning. Ullspinning. Foto Martin Jönsson, 1964
Kläder för gamla och unga. Foto Helge Hagström, 1938
Historisk dräktparad vid Lantbruksmötet på Rommehed. Foto Knut Augustinsson, 1939
Kepsen Dempsey och andra produkter från CTH. 1951
Sockendräktsparad inför de kungliga gästerna vid Lantbruksmötet på Rommehed. Foto Knut Augustinsson, 1939
Arbetskläder: Flottare, Fabriksarbetare, Kolare. 1951-1953
Gruvborrare. 1955
Kalvmärkning. Besök hos samen Anders Olsson. 1949, 1951
Vardagskläder och sammanträdeskläder. Foto Helge Hagström, 1938
Invigning av Dalarnas sockenfanor. 1951
Konungens Eriksgata 1953
Sockendräkten i Stora Kopparberg. 1958
Sockenfanorna paraderar under W66. 1966
Älvdalskläder. 1966
Skinnkläder från Malung. 1966

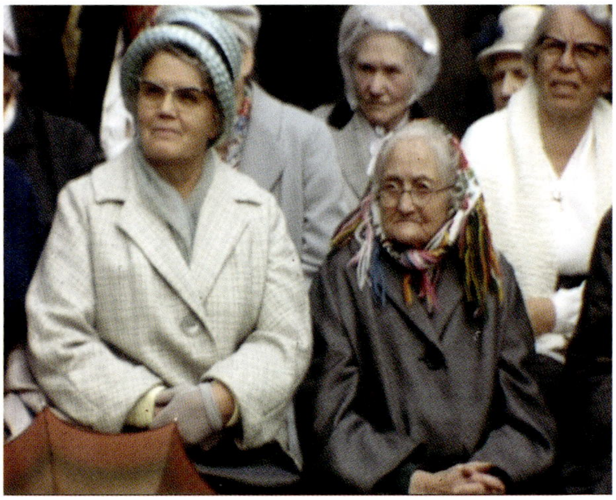

Nytt möter gammalt när en intresserad publik följer dräktparad vid Gagnefs minnesstuga. Nedan: Två kvinnor träffas utanför affären. Den ena bär blommigt huvudkläde med ullfransar, den andra har »lurka« på huvudet. Båda bilderna ur »En Gagneffilm om dräktbruk och gamla arbetsseder i socknen« från 1966. Foto Sven Nilsson.

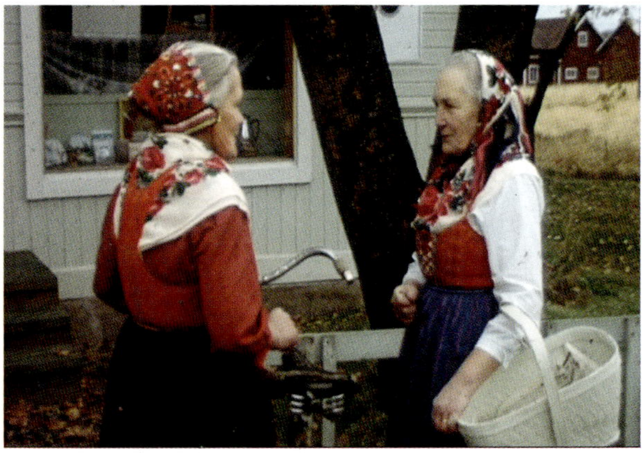

Sockendräktparad. 1966
Sockenmat. 1966
Ungdomskläder: Scener ur Dalarapsodi. 1951-53, 1963
Scener från Mockfjärd ur »En Gagneffilm om dräktbruk och gamla arbetsseder i socknen«. 1966
Vardagskläder. Foto Helge Hagström, 1938
Fritidskläder. 1966, 1951
Ombyte till träningskläder. 1926
Vasaloppet. 1952
Mora hemslöjd. 1953
Linberedning. 1955-1959
Samer fiskar med nät. 1953
Klädda för notdragning i Nusnäs. 1953